알랭의 행복론

Propos
sur le
bonheur

アランの幸福論 エッセンシャル版
ALAIN NO KOFUKURON ESSENTIAL BAN

Copyright © 2015 by Discover 21
Original Japanese edition published by Discover 21, Inc., Tokyo, Japan
Korean edition published by arrangement with Discover 21, Inc.
through Korea Copyright Center Inc., Seoul

알랭의 행복론

Propos
sur le
bonheur

인생의 품격을 높이는 170가지 마음 수업

알랭 지음 | 정문주 옮김

니들북

일러두기

- 이 책은 2007년 12월에 간행된 《알랭의 행복론アランの幸福論》에서 170개의 단어를 엄선해 재편집했습니다.

- 이 책에 인용된 알랭의 말은 영어판의 일어 번역본을 다시 우리말로 옮긴 것입니다. 일부 불어판 원저와는 다른 표현도 있음을 양지해주시기 바랍니다.

- 이 책에서 170개의 명언 하단에 적힌 숫자와 키워드는 영어판 원전에 실린 93편의 프로포 중 어떤 부분에서 따왔는지를 나타냅니다.

에밀 오귀스트 샤르티에Emile Auguste Chartier는 19세기부터 20세기에 걸쳐 활약한 프랑스의 철학자다. 재기 넘치는 철학 교사로서 앙드레 모루아Andre Maurois, 시몬 베유Simone Weil 등을 가르쳤으며, '알랭'이라는 필명으로 여러 권의 책과 기사를 정력적으로 발표했다.

1906년 초, 알랭은 지방신문에 매일 원고지 두 장 분량의 프로포Propos(프랑스어로 '말', '이야기'를 의미하는데, 보통 짧은 에세이나 칼럼을 일컫는다-옮긴이)를 기고하게 되었다. 이 글은 '어느 노르망디인의 프로포Propos d'un Nomand'라는 제목으로 제1차 세계대전이 발발하기 전까지 계속됐다. 1914년까지 쓴 프로포는 모두 3,078편이었으며 전쟁이 끝난 뒤에도 약 2천 편을 다수의 신문과 잡지에 기고했다. 알랭은 철학, 정치학, 미학 등에 관한 책을 발표하는 한편, 방대한 분량의 프로포를 주제별로 엮어 편집한 책도 여러 권 출간했다. 그중 '행복'에 관해 쓴 93편의 프로포를 묶어 1928년에 출간한 책이

《행복론》*(Propos sur le bonheur)*이다.

'행복론'이라는 제목이 붙은 책은 많다. 그중에서도 전 세계로 번역되고 고전으로 읽히는 카를 힐티Karl Hilty, 버트런드 러셀Bertrand Russell, 알랭의 책은 '세계 3대 행복론'으로 불린다. 특히 알랭의 《행복론》은 '철학을 문학으로, 문학을 철학으로' 변화시키는 독특한 문체로 일본에서는 오랫동안 학생과 회사원, 경영자에 이르기까지 폭넓은 독자층으로부터 사랑받았다.

이 책은 93편의 프로포로 구성된 원전(영어판) 중에서 특히 인상적이고 마음에 울림을 주는 170개의 명언을 골라 엮은 것이다. 〈불안과 감정에 관하여〉, 〈자기 자신에 관하여〉, 〈인생에 관하여〉, 〈행동에 관하여〉, 〈인간관계에 관하여〉, 〈일에 관하여〉, 〈행복에 관하여〉라는 일곱 개의 장으로 구성했다.

짧으면서도 심오하고 함축적인 고찰과 경쾌하고도 절묘한 표현은 오늘날 다시 보아도 전혀 낡은 느낌을 주지 않는다. 오히려 넘쳐나는 정보와 극심한 경쟁 사회를 살아가는 우리에게 유용한 '인생의 지혜'를 제공해준다.

이 책을 읽고 알랭의 《행복론》에 흥미가 생긴다면

다른 완역본도 읽어보기를 권한다. 또한 카를 힐티나 버트런드 러셀의 《행복론》을 읽고 비교하는 것도 재미있을 것이다.

이 책이 여러분의 행복에 작은 힌트라도 된다면, 더 이상 기쁜 일이 없겠다.

디스커버 편집부

차례

프롤로그 • 5

I
불안과 감정에 관하여

001 진짜 원인을 찾아라 • 20
002 불안은 삼키지 말고 뱉어라 • 21
003 감정에 몸을 맡겨서는 안 된다 • 22
004 두 가지 측면을 보라 • 23
005 슬픔은 마음의 문제가 아니라 몸의 문제다 • 24
006 부풀려 생각하지 마라 • 25
007 행복을 많이 만들어라 • 26
008 마음에 평온이 깃들기를 기다려라 • 27
009 감정과 불안은 일종의 질환일 뿐 ① • 28
010 감정과 불안은 일종의 질환일 뿐 ② • 29
011 병을 흉내 내지 말고 건강을 흉내 내라 • 30
012 상상력은 몸에 직접 영향을 미친다 • 31

013   먼저 자기 자신에게 주의를 기울여라   · 32

014   지나친 걱정을 멈춰라   · 33

015   불안은 의미 없는 동요일 뿐이다   · 34

016   감정이 아니라 태도를 제어하라   · 35

017   끝없는 생각을 멈춰라   · 36

018   확대 해석을 멈춰라   · 37

019   상상이 아니라 행동을 따라라   · 38

020   몸을 움직여 기분을 바꿔라   · 39

021   멀리 보라 ①   · 40

022   멀리 보라 ②   · 41

023   감정에 속지 마라   · 42

024   불만이 비집고 나올 틈을 주면 안 된다   · 43

025   슬픔에 저항하라   · 44

026   감정의 설득에 현혹되면 안 된다   · 45

027   감정의 달콤한 속삭임에 넘어가면 안 된다   · 46

028   시간이라는 길은 되돌아갈 수도 없고,
       같은 길을 두 번 걸을 수도 없다   · 47

029   슬픔의 날개를 꺾어라   · 48

030   슬픔을 존중하지 마라   · 49

031   한숨과 슬픔은 곧 사라진다   · 50

032   자신을 위로하려 노력하라   · 51

033   감정에 휘둘리지 마라   · 52

034   상황에 맞게 행동하라   · 53

035 철저히 생각하거나 아예 생각하지 말거나 • 54

II

자기 자신에 관하여

036 웃어라 • 58

037 예의 있게 행동하라 • 59

038 행복을 연기하라 • 61

039 한 번에 두 가지 자세를 취할 수는 없다 • 62

040 하품하라 • 63

041 변명하지 마라 • 64

042 밝게 생각하라 • 65

043 유연함을 잃지 마라 • 66

044 자신에 관해 너무 많이 생각하지 마라 • 67

045 진정한 감정은 스스로 만들어내는 것이다 • 68

046 의지의 힘이 먼저고 아름다움은 나중이다 • 69

047 즐겨라 • 70

048 말의 힘을 얕보면 안 된다 • 71

049 자신에게 속지 마라 • 72

050 지난 일은 후회하지 마라 • 73

051 자기 자신의 좋은 친구가 되어라 • 74

052 　기분이 좋아야 건강해진다 ・75

III

인생에 관하여

053 　현재를 새로운 관점에서 보라 ① ・78

054 　현재를 새로운 관점에서 보라 ② ・79

055 　눈앞의 현실에 집중하라 ・80

056 　기뻐하며 살아야 한다 ・81

057 　과거에 기대지 마라 ・82

058 　의지력을 발휘하라 ・83

059 　먼 미래가 아니라 코앞을 보라 ・84

060 　행복해지기 위해 노력하라 ・85

061 　무턱대고 속도만 좇으면 안 된다 ・86

062 　창밖 풍경을 바라보라 ・87

063 　과거나 미래에 사로잡히지 마라 ・88

064 　자기 인생에 전념하라 ・89

065 　죽거나 최선을 다해 살거나 ・90

066 　고단한 인생을 산다는 것 ・91

067 　자신에 관한 생각은 접어둬라 ・92

068 　살아 있는 죽은 자 ・93

069 　죽은 자의 조언에 귀 기울여라 　　　・94

070 　자신을 신뢰하라 　　　・95

071 　희망을 잃지 마라 　　　・96

IV

....

행동에 관하여

....

072 　일단 행동하라 　　　・100

073 　모든 길은 옳은 길이다 　　　・101

074 　필요 없는 것은 잘라내라 　　　・102

075 　원하는 것은 직접 쟁취하라 　　　・103

076 　스스로 구하라 　　　・104

077 　자신의 흔적을 남겨라 　　　・105

078 　이해하고 행동하라 　　　・106

079 　진정한 해결책은
　　　어찌해야 하는지를 아는 것이다 　　　・107

080 　자진해서 행동하라 ① 　　　・108

081 　자진해서 행동하라 ② 　　　・109

082 　행동하는 힘은 사람을 끌어들인다 　　　・110

083 　행동하지 않는 즐거움보다
　　　행동하는 역경을 선택하라 　　　・111

084   기쁨은 행동의 결과에 불과하다   • *112*

085   역경을 맞으면 투지를 불살라라   • *113*

086   우유부단은 최대의 해악이다 ①   • *114*

087   우유부단은 최대의 해악이다 ②   • *115*

088   결단하는 기술을 익혀라   • *116*

V

인간관계에 관하여

089   가장 큰 적은 자기 자신이다   • *120*

090   가족과 떨어져라   • *121*

091   민낯을 보여라   • *122*

092   가족을 만들고 지키는 의지의 힘   • *123*

093   사람과 사람의 만남은 기적이다   • *124*

094   결혼생활을 행복하게 꾸려라   • *125*

095   전쟁은 '권태'에서 비롯된다   • *126*

096   동정하지 마라   • *127*

097   미소를 보여라   • *128*

098   가장 큰 적은 상대가 아니라 자기 자신이다   • *129*

099   험담에 신경 쓰지 마라   • *130*

100   상대는 나를 비추는 거울이다   • *131*

101 신경 쓰지 마라   · 132

102 배려심을 가져라   · 133

103 예의를 배워라 ①   · 134

104 예의를 배워라 ②   · 135

105 예의를 배워라 ③   · 136

106 예의를 배워라 ④   · 137

107 예의를 배워라 ⑤   · 138

108 있는 그대로를 받아들여라   · 139

109 속박하지 마라   · 140

VI

일에 관하여

110 가치 있는 것을 추구하라   · 144

111 일은 자신에게 권한이 있을 때 즐길 수 있다   · 145

112 일을 즐겨라   · 146

113 역경이야말로 기쁨을 가져다준다   · 147

114 역경을 선택하라   · 148

115 스스로 찾아 자유롭게 일하라   · 149

116 남에게 도움을 주는 일은
     그 자체로 기쁨이다   · 150

117	강약 조절이 중요하다	• 151
118	"할 거야"가 아니라 "하고 있어"라고 말하라	• 152
119	희망을 품기 전에 일단 시작하라	• 153
120	행동을 통해 행복해져라	• 154
121	문제의 핵심에 다가가라	• 155
122	신경을 집중하라	• 156
123	연습을 반복해 몸으로 익혀라	• 157

VII

행복에 관하여

124	간절히 희망하라	• 160
125	노력하라	• 161
126	행복을 만들어라 ①	• 162
127	행복을 만들어라 ②	• 163
128	끝없이 부를 추구하라 ①	• 164
129	끝없이 부를 추구하라 ②	• 165
130	스스로 행동하라	• 166
131	쉬지 않고 배워라	• 167
132	대충 보고 넘기지 마라 ①	• 168
133	대충 보고 넘기지 마라 ②	• 169

134	대충 보고 넘기지 마라 ③	• 170
135	행복해지기 위해 노력하라	• 171
136	생명의 강인함을 믿어라	• 172
137	자신감을 가져라	• 173
138	고뇌를 자신과 떼어놓고 생각하라	• 174
139	인생을 충분히 즐겨라	• 175
140	시간을 억지로 조종하려고 하지 마라	• 176
141	먼저 웃어줘라	• 177
142	유쾌함을 발휘하라 ①	• 178
143	유쾌함을 발휘하라 ②	• 179
144	복잡한 생각보다는 무심함을 택하라	• 180
145	머리를 비워라	• 181
146	애정을 가지고 행동하라	• 182
147	태어나 처음 맛본 기쁨을 잊지 마라	• 183
148	우정에서 행복을 느껴라	• 184
149	웃기를 즐겨라	• 185
150	즐거움의 씨앗을 뿌려라 ①	• 186
151	즐거움의 씨앗을 뿌려라 ②	• 187
152	즐거움의 씨앗을 뿌려라 ③	• 188
153	즐거움의 씨앗을 뿌려라 ④	• 189
154	행복을 바라는 마음이 있으면 그 즉시 행복해질 수 있다	• 190
155	주변을 즐겁게 만들어라	• 191

156 만사를 좋게 보라   · 192

157 웃어넘겨라   · 193

158 자기 안의 행복을 발견하라   · 194

159 몇 번이고 극복하라   · 195

160 행복은 사람을 빛나게 한다   · 196

161 자신부터 행복해져야 한다   · 197

162 행복해지기를 바라고
     그리되기 위해 노력하라   · 198

163 행복해지는 것이 최대의 공헌이다   · 199

164 자신의 불행을 떠벌리지 마라   · 200

165 날이 궂을수록 환한 표정을 지어라   · 201

166 행복을 바라고 스스로 만들어라   · 202

167 행복한 사람만 사랑받는다   · 203

168 행복이야말로 최고의 선물이다   · 204

169 의지를 가지고 행복해져라   · 205

170 행복해지겠다고 맹세하라   · 206

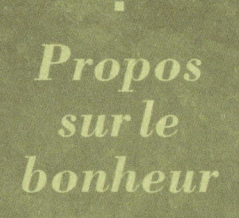

Propos
sur le
bonheur

I

불안과 감정에
관하여

001

✳

진짜 원인을 찾아라

알렉산더대왕이 젊었을 때, 명마 부케팔로스를 선물로 받았다. 그런데 이 말이 어찌나 사나운지 그 어떤 조련사도 제대로 다루지 못했다.

보통 사람이라면 "그놈 성질 한번 고약하네!" 하고 포기했을 것이다. 그러나 알렉산더대왕은 달랐다. 진짜 원인이 무엇인지 살핀 것이다. 알렉산더대왕은 부케팔로스가 제 그림자를 보고 겁을 먹었음을 즉시 알아챘다.

말이 두려움에 날뛰면 그림자도 덩달아 날뛰는 법. 일렁이는 그림자에 부케팔로스는 또다시 흥분했다. 악순환이었다. 알렉산더대왕은 말 머리가 해를 향하게 했고, 그 자세를 유지해 가까스로 진정시켰다.

아리스토텔레스의 가르침을 받은 알렉산더대왕은 잘 알고 있었다. 감정을 통제하려면 진짜 원인을 알아야 한다는 사실을 말이다.

1 명마 부케팔로스

002

불안은 삼키지 말고 뱉어라

음식을 잘못 삼켜 기도로 넘어가면, 우리 몸은 위험신호를 보내기라도 하듯 엄청난 소동을 일으킨다.

이럴 때는 온몸의 힘을 빼야 한다. 억지로 삼키려 들면 증상만 심해진다. 그러니 삼키려고 할 것이 아니라 거꾸로 토해내라.

불안도 마찬가지다. 불안은 그저 목에 걸린 이물질과 다를 바 없다. 다른 것들도 그러하다.

2 불안·초조

003

감정에 몸을 맡겨서는 안 된다

분노를 이기지 못하는 사람은 기침을 사방팔방에 쏟아내는 사람과 다를 바 없다. 둘 다 꼼짝없이 감정이 시키는 대로 움직이고, 불안이나 분노에 자신을 맡겨버리기 때문이다.

　요컨대 감정은 문제를 악화시킨다. 올바른 태도를 익히지 않으면 이런 결과를 낳는다.

　올바른 태도란, 몸의 움직임을 이성으로 통제하는 것이다. 물론 모든 움직임을 이성으로 제어하라는 말은 아니다. 다만, 불안이나 분노가 우리 몸의 자연스러운 반응을 방해하는 것만은 막아야 한다.

2 불안·초조

004

두 가지 측면을 보라

옛말에 모든 암포라°에는 손잡이가 둘 있다고 했다. 그처럼 세상 모든 일에는 두 가지 측면이 있어서 불행으로 받아들일 수도 있지만, 위로와 용기를 얻을 수도 있다.

행복해지려는 노력은 절대 헛수고로 끝나지 않는다. 의지는 생각보다 훨씬 큰 힘을 발휘해 행복을 불러들인다.

3 슬픈 마리

° 양쪽에 손잡이가 달린 고대 그리스의 항아리. 포도주나 올리브유 등을 저장하고 운반하는 데 쓰였다.

005

✳

슬픔은
마음의 문제가 아니라 몸의 문제다

어느 정신과 의사가 인간의 기분 변화를 관찰하고 분석한 결과, 한 가지 법칙을 깨달았다. 즐거운 시기가 끝나갈 무렵에는 적혈구 수가 줄어들고, 슬픈 시기가 끝나갈 무렵에는 적혈구 수가 늘어난다는 것이었다.

슬픔이 사실은 적혈구 숫자의 문제라는 점을 알고 나면 이야기는 간단해진다. 쓸데없는 일에 생각을 쏟는 짓은 당장 그만두자. 슬픔은 마음의 문제가 아니라 몸의 문제라고 생각하라는 말이다. 그리하면 피로나 질환처럼 단순한 현상으로 정리할 수 있다.

배신당한 고통보다는 위의 통증을 견디는 쪽이 맘 편하지 않은가. 그러니 '진정한 친구가 없다'고 하기보다 '적혈구 수가 적다'라고 말하는 편이 낫다.

쉬이 감정에 사로잡히는 사람은 마음을 편히 먹으려고도, 실상을 이해하려고도 하지 않는다. 하지만 내가 말한 방식으로 생각하면 이 둘을 동시에 해결할 수 있다.

3 슬픈 마리

006

부풀려 생각하지 마라

별것 아닌 일을 부풀려 생각하지 말고, 있는 그대로 바라보아야 한다. 지금 당신이 처한 상태는 남들이 처한 상태와 조금도 다르지 않다. 다만, 당신은 불행하게도 너무 총명하다. 그래서 자신에 관해 너무 많이 생각한 나머지, 슬퍼지거나 즐거워지는 이유를 따지고 든다. 그러다가 자신에게 화가 난다. 왜 즐거운지, 왜 슬픈지 알 수 없기 때문이다.

　분명히 말하지만, 행복과 불행에는 딱히 구체적인 이유가 없다. 그 모두가 우리 몸과 그 작용에 달려 있기 때문이다.

4 신경쇠약증

007

행복을 많이 만들어라

스피노자는 말했다. "정념, 즉 감정으로 인해 일어나는 생각을 완전히 배제하기는 어렵다. 그러나 현명한 사람은 마음속으로 행복한 생각을 많이 하기에 이러한 정념을 대수롭지 않게 여기게 된다."

스피노자의 어려운 사고 회로는 몰라도 된다. 다만, 우리가 행복을 자유롭게 많이 만들어낼 수 있다는 점은 분명하다. 음악을 듣고, 그림을 보고, 대화를 즐김으로써 행복을 만들어낸다면 우울한 기분 따위는 사소하게 느껴질 것이다.

4 신경쇠약증

008

마음에 평온이 깃들기를 기다려라

깊은 슬픔은 으레 몸이 건강하지 못한 상태이기에 생기는 감정이다.

　그러나 진짜 질환이 아닌 한, 괴로움은 사라진다. 그리고 평온한 때가, 생각보다 더 좋은 일이 찾아온다.

5 우울

009

감정과 불안은 일종의 질환일 뿐 ①

우울해하는 사람들은 인간의 온갖 괴로움을 다 보여주는 것 같다. 이들을 보면서 분명히 알 수 있는 점이 있다.

고통에 빠져 힘들어하는 것은 끝도 없이 따지고 들기 때문이며, 이는 상처를 들쑤셔대는 거나 다름없다는 점이다.

이런 바보 같은 짓에서 벗어날 수 있다. 자신에게 이렇게 말해보라. 슬픔은 일종의 질환이라고. 그러니 이것저것 이유를 찾아 설명하려 들지 말고, 질환이라 여기고 감당해내자고 말이다. 그리하면 끝없이 불행한 말을 쏟아내는 일도 없어질 것이다.

....
5 우울

010

감정과 불안은 일종의 질환일 뿐 ②

마음의 괴로움을 배앓이쯤으로 여기자. 그러면 비난하지 않고 감내하기만 하면 된다. 그렇게 하면 평정을 유지하고 올바른 방법으로 슬픔에 맞설 수 있다. '기도'를 하는 이유가 바로 이것이다. 기도는 괴로움을 해결하는 훌륭한 방법이다.

기도로 격한 감정을 다스리는 것은 그 자체로 하나의 성과다. 건전한 판단력만 작동시켜도 마음의 평온을 스스로 만들 수 있다. 그리하면 자신이 얼마나 불행한지를 곱씹는 일도 사라질 것이다.

5 우울

011

⁂

병을 흉내 내지 말고 건강을 흉내 내라

불안은 당연히 병을 악화시킨다. 잠들지 못할까 봐 걱정하는 사람은 잠들겠다는 생각이 없는 것이고, 위가 약하다고 걱정하는 사람의 위에서 음식물이 시원하게 소화될 리 없다.

그러니 병을 흉내 내지 말고 건강을 흉내 내야 한다. 이 사소한 두뇌 운동에 관해 자세히 알려진 바는 없다. 하지만 예의 바르고 점잖은 행동이 건강으로 이어진다는 것만큼은 분명한 사실이다.

건강하다는 증거는 다름 아닌 건강한 상태에 부합하는 태도라는 단순한 이치를 기억하자.

7 계시의 종말

012

✳

상상력은 몸에 직접 영향을 미친다

벼랑 끝에 선 사람은 자신이 추락할지도 모른다고 상상한다. 물론 난간을 움켜쥔 뒤에는 떨어질 염려가 없다고 생각한다. 그런데도 현기증은 머리끝부터 발끝까지 온몸을 덮친다.

상상력은 으레 우리 몸에 영향을 미치는 것이다.

8 상상력에 관하여

013

＊

먼저 자기 자신에게 주의를 기울여라

흔히 불쾌감은 일종의 질환이라 어쩔 수 없다고들 한
다. 이에 지극히 간단한 행동으로 고통과 정신적인 부
담에서 벗어날 수 있는 방법을 소개한다.

　다리에 쥐가 나면 아무리 건장한 남성도 비명을 지
르기 마련이다. 그런데 쥐가 난 다리에 온몸의 체중을
실어 보면 금세 좋아진다. 벌레나 티끌이 들어간 눈을
비비면 두세 시간은 족히 고생하게 된다. 이럴 때는 손
을 대지 말고 코끝을 가만히 응시하면 된다. 그러면 눈
물이 나면서 말끔히 해결된다.

　이 간단한 대처법을 들은 후, 나도 스무 번 넘게 시험
해보았다. 그리고 분명히 말할 수 있다. 주위 사람이나
다른 대상을 탓할 것이 아니라, 먼저 자기 자신에게 주
의를 기울여야 한다.

10 걱정하는 남자, 아르강

014

지나친 걱정을 멈춰라

상상력은 인간 세상에 중대한 영향력을 끼친다. 위대한 철학자인 데카르트의 《정념론》에 따르면, 설령 잘 극복했다고 하더라도 걱정은 위를 상하게 한다.

사람이 놀라면 심장박동도 변하는 법이다. 걱정이 많아 의사가 던진 작은 말에도 심박수가 변한다면, 명의가 약을 준들 무슨 효과를 기대할 수 있겠는가.

의학에 어떤 기대를 걸 수 있을지는 잘 모르겠지만, 위험성이 있다는 점은 잘 안다. 그래서 '나'라는 기계에 어떤 문제가 생기더라도 다음과 같이 생각하려 마음먹고 있다.

심신의 문제는 대부분 걱정과 불안 때문에 생긴다. 그러니 가장 확실한 대처법은 배나 허리가 아파도 발가락에 생긴 굳은살 정도로 여기고 걱정하지 않는 것이다. 피부가 살짝 딱딱해지기만 해도 그 정도는 아픈 법이니, 인내를 배울 좋은 훈련법으로 여기자.

015

✳

불안은 의미 없는 동요일 뿐이다

병에 걸렸을지도 모른다는 불안감은 실제로 그 병에 걸리고 나면 눈 깜짝할 새 사라진다. 언제나 사람을 상하게 하는 것은 상상이다. 도무지 종잡을 수가 없기 때문이다. 추측에 대해서는 할 수 있는 일이 아무것도 없다.

생각건대, 불안은 의미 없는 동요일 뿐이다. 빠져들수록 커지기 마련이다. 죽음을 떠올리는 순간, 인간은 죽는 것을 두려워한다. 단순히 가능성만 생각해도 모든 것이 두려워진다. 속이 불편한 이유는 구체적인 대상이 없는데도 끙끙대며 걱정하기 때문이다.

15 죽음에 관하여

016

✳

감정이 아니라 태도를 제어하라

묵주는 훌륭한 발명품이다. 한 알 한 알 돌리다 보면 손과 머리가 동시에 안정되기 때문이다.

그런데 이보다 더 도움이 되는 말이 있다. 의지로는 제 감정을 어찌할 수 없어도 행동은 즉각적으로 감정을 제어할 수 있다는 것이다.

당장 바이올린이라도 켜는 실질적 행동이 머릿속 감정을 몰아내려고 끙끙대는 것보다 훨씬 쉽다. 이것이 현자의 지혜다.

16 마음가짐

017

*

끝없는 생각을 멈춰라

우리는 감정에서 벗어날 수 있다. 그러나 사고를 통해서가 아니라 행동을 통해서만 가능하다.

사람은 원하는 대로 생각할 수 없다. 그러나 몸의 근육은 다르다. 운동으로 몸을 유연하게 단련하면 생각대로 움직일 수 있다.

걱정거리가 있다면 이런저런 생각을 멈춰야 한다. 추리는 제 목을 조르는 짓일 뿐이다. 끝없는 생각이 아니라 팔을 머리 위로 뻗어 올리는 등 몸을 움직여야 한다. 놀랄 만큼 큰 효과를 볼 것이다.

....
17 운동

018

확대 해석을 멈춰라

병이나 고령 때문에 몸이 쇠약해지는 현상은 받아들여야 한다.

그런데 사람들이 말하는 병은 대부분 그렇지가 않다. (의사들은 오래전부터 그 위험성을 지적했는데) 병에 질환명을 붙이고 분류하기 시작하면서부터 환자들은 스스로 병의 징후를 찾고, 어이없게도 자신이 병에 걸렸다고 판정하기까지 한다. 대부분 상황을 확대해서 해석하는 과정에 그 원인이 있다. 감정도 그렇고 상당수의 병, 특히 정신과 질환이 그렇다.

유명한 신경병리학자 장 마르탱 샤르코는 결국 환자가 자기 증상을 얘기해도 일절 믿지 않기로 했다. 의사가 아니라고 하는 말을 듣자마자 어떤 종류의 병은 병이 아니게 되고, 증상까지도 거의 사라진다고 하니 말이다.

21 성격에 관하여

019

❋

상상이 아니라 행동을 따라라

'현재'라는 시간은 강력하며 지극히 생생하다. 그래서 우리는 확신을 가지고 '현재'에 순응한다. 그런데 누구나 경험하면서도 아무도 다음과 같은 사실을 깨닫지는 못한다. 끈질긴 습관에서 비롯되는 상상이 인간의 세상을 좌지우지한다는 것이다. 하지만 상상은 아무것도 만들어내지 못한다. 뭔가를 만들어내는 것은 행동이다. 이 점을 알아야 한다.

30 망각의 효용

020

몸을 움직여 기분을 바꿔라

이 점을 명심하라. 사람들은 의지를 발휘해서 기분을 숨기려 하지만, 운동선수처럼 몸을 움직여서 기분부터 바꾸겠다는 의지를 가져야 한다.

'불쾌감, 슬픔, 지루함은 비바람과 같아서 피할 수 없다'는 생각은 얼핏 보면 옳지만, 사실은 틀린 말이다.

36 사생활에 관하여

멀리 보라 ①

몹시 우울해하는 사람에게 이 한마디를 해주고 싶다.
'멀리 보라!'

그런 사람들은 대체로 책을 너무 많이 읽는다. 사람의 눈은 가까운 곳만 보라고 있는 것이 아니다. 그러니 시선을 멀리 보내라. 그러면 편안해질 것이다.

별이 빛나는 밤하늘을 올려다보거나, 끝없이 펼쳐진 바다를 바라보면 눈의 긴장이 완전히 풀린다. 눈이 편안해지면 마음이 편안해져서 발걸음에도 자신감이 넘치게 된다. 자기 안의 모든 것(장기까지도)이 해방되면서 유연해진다.

그렇다고 해서 의지력을 동원해 억지로 긴장을 풀려고 해서는 안 된다. 자기 안에 있는 의지력을 도로 자신에게 적용하면 리듬이 흐트러지면서 결국은 꼼짝도 못 하게 된다. 자신을 보지 말고 멀리 봐야 한다.

51 멀리 보기

022

멀리 보라 ②

사람의 눈은 먼 곳을 바라보면 편안함을 느끼게 되어 있다. 여기서 우리는 심오한 진실을 배울 수 있다.

사고는 신체를 자유롭게 하여 그 신체를 우리의 진짜 고향인 우주로 이끌어야 한다. 사람의 소중한 숙명과 인체의 작용 사이에는 깊은 관련이 있다.

51 멀리 보기

023

감정에 속지 마라

눈물이 나려 하거나 위, 심장, 또는 아랫배가 아프거나
이유도 없이 근육이 뭉치면 논리적인 사고에 지장이
생긴다. 사람은 순식간에 감정의 지배를 받는다. 그리
고 단순한 사람은 매번 감정에 속는다.

　나는 이런 못된 신호가 머지않아 사라진다는 사실을
안다. 그래서 재빨리 그 신호를 제거하려 하고 실제로
그럴 수 있다. 엄살만 피지 않으면 된다.

　나는 내 목소리가 나에게 어떤 영향을 주는지 잘 안
다. 그래서 나 자신에게 과장된 연극배우 같은 태도가
아니라 매우 평온한 목소리로 말을 건다.

54 과장된 열변

024

※

불만이 비집고 나올 틈을 주면 안 된다

병들고 죽는 것은 누구에게나 일어나는 자연스러운 현상이다. 이를 거스르려 하는 생각은 옳지 않다.

정말 옳은 생각이란, 인간이 자연스럽게 맞닥뜨리는 상황이나 자연스러운 일의 흐름에 대해 맞다고 받아들이는 것이다.

그러니 불만이 비집고 나올 틈을 주면 안 된다. 불만은 화를 부추기고, 화가 나면 또다시 불만이 터져 나온다. 지옥의 악순환이다. 악마는 다름 아닌 자기 자신이며, 화내는 이도 자신이다.

54 과장된 열변

025

슬픔에 저항하라

기쁨은 권위적이지 않다. 발랄하기 때문이다. 그러나 슬픔은 사람의 마음속에서 왕좌를 차지하고 언제나 과분한 숭배를 받는다.

그래서 슬픔에는 저항해야 한다. 기쁨이 좋은 감정이라서가 아니라(그것도 이유 중 하나겠지만), 공평하게 봐야 하기 때문이다.

슬픔은 자신을 드러내는 데 능하며 분수도 모르고 날뛴다. 그래서 우리가 공평하게 보지 못하는 것이다.

55 푸념

026

✳

감정의 설득에 현혹되면 안 된다

우리는 늘 감정의 설득에 현혹된다.

　감정의 설득이란 몸의 피로, 흥분이나 허탈감 등 자신의 상태에 따라 머릿속에서 펼쳐지는 슬픔과 기쁨, 감정의 기복 같은 온갖 환영을 말한다.

　우리는 이러한 환영에 당연하다는 듯 현혹되어 상황이나 타인을 탓한다. 진짜 원인(대체로 하찮으며 무시해도 좋을 것들이지만)이 뭔지 깨닫고 바로잡으려 하지 않는 것이다.

···········
55 푸념

027

감정의 달콤한 속삭임에
넘어가면 안 된다

상상력이 머릿속에서 만들어낸 고민이나 감정은 늘 의심해야 한다. 감정이 자신을 교묘하게 설득하려 한다는 사실을 알아차리고, 그 달콤한 속삭임에 넘어가지 않도록 해야 한다. 그리하면 고민은 대부분 사라진다.

설령 머리가 좀 아프고 눈이 피로하더라도 그 정도는 참을 수 있는 문제이고, 참다 보면 낫기 마련이다. 반면에 절망은 끔찍하게도 끊임없이 악화한다. 이것이 감정의 함정이다.

56 감정의 설득

028

✳

시간이라는 길은 되돌아갈 수도 없고, 같은 길을 두 번 걸을 수도 없다

감정은 돌이킬 수 없는 일에 대해 반발하듯 일어난다.

예를 들어 방정맞은 여성, 자만심이 강한 여성, 자신에게 관심을 보이지 않는 여성을 좋아하는 남자가 괴로워하는 이유는 그녀가 그러지 않기를 바라는 마음이 있어서다.

이처럼 파멸을 피할 수 없는 상황임을 잘 아는데도 감정은 끈질기게 기대를 부추기고, 나아가 사고에 명령을 내리기까지 한다. "방금 지나온 길 말이야, 다시 한번 잘 살펴봐. 빠져나갈 샛길이 있을 거야"라고 말이다.

그러나 그 길은 이미 지나온 길이며, 지금 서 있는 곳이 내 자리다. 시간이라는 길은 되돌아갈 수도, 같은 길을 두 번 걸을 수도 없다.

57 절망에 관하여

029

슬픔의 날개를 꺾어라

땅에서 문제를 그러안고 괴로워할 때도 하늘은 구름 한 점 없이 맑다.

우리는 습관처럼 생각에 빠져든다. 그러는 사이, 슬픔은 날개를 달고 하늘 높이 날아올라 한숨으로 변한다.

그런 날개는 꺾어버려야 한다. 그러면 슬픔은 바닥에 넙죽 엎드릴 수밖에 없다. 그리고 한동안은 발밑에 존재하겠지만, 이내 눈앞에서 사라진다.

그런데 사람은 으레 하늘 높이 날아오르는 슬픔을 바라는 법이니 참으로 안타까운 일이다.

57 절망에 관하여

030

슬픔을 존중하지 마라

죽음이 아닌 삶을 역설하고, 불안이 아닌 희망을 펼치며, 인류에게 더없이 소중한 보물인 기쁨을 키워야 한다. 그것이 위대한 현자들이 남긴 지혜이며, 내일을 위한 희망의 빛이다.

감정, 미움은 슬퍼해야 하는 것이다. 기쁨은 감정과 미움을 지울 수 있다. 자신에게 이렇게 말해보라. "슬픔은 숭고하지도, 아름답지도, 유용하지도 않다."

58 동정심에 관하여

031

※

한숨과 슬픔은 곧 사라진다

한숨이나 슬픔은 새처럼 슬며시 왔다가 훌쩍 날아가
버리는 감정이다.

　그런데 사람들은 이를 인정하려 들지 않는다. 몽테
스키외처럼 '한 시간만 책을 읽으면 마음의 고통이 모
두 사라진다'고 말하기는 부끄럽다. 하지만 차분하게
책을 읽다 보면, 분명 자신이 읽고 있는 내용에 완전히
빠져들게 될 것이다.

············
60 위로

032

자신을 위로하려 노력하라

나락 속으로 뛰어들 듯 스스로 불행에 빠져들지 말고, 자신을 위로하는 노력을 해야 한다. 진지하게 노력하면 생각보다 훨씬 빠르게 기운을 차릴 것이다.

62 어리석은 사람

033

감정에 휘둘리지 마라

모든 감정은 자신이 허용했기 때문에 모습을 드러내
는 것이다. 일단 화를 내고 나면, 그 어떤 훌륭한 논리
도 도움은커녕 해가 될 때가 많다. 화를 돋울 모든 가
능성을 하나하나 떠올리게 되기 때문이다.

　이 원리를 깨닫고 나면 전쟁이 일어날 가능성을 완
전히 없앨 수는 없어도, 현실적으로 피할 방법이 있다
는 점을 이해하게 될 것이다. 감정에 휘둘려서 벌벌 떨
면 사소한 원인에도 전쟁이 일어날 수 있다. 감정에 휘
둘리지만 않는다면 어떻게든 전쟁은 피할 수 있다.

64 감정의 폭주

034

상황에 맞게 행동하라

어떤 상황에서든 그 상황에 어울리는 행동을 해야 한다.

불면증에 시달리는 사람은 졸린 척하면 된다. 편히 쉬고 싶다면 만족스럽게 쉬는 척을 하면 된다. 그런데 사람들은 그렇게 하지 않고, 불안과 초조를 드러내고 노여워한다. 그 밑바탕에는 자만심이 있다. 자만심은 반드시 혹독한 벌을 부른다.

85 명의 플라톤

035

✳

철저히 생각하거나
아예 생각하지 말거나

생각을 해서 몸이 부대끼는 것이 아니라 마음이 동요하기 때문에 불안하고 초조한 것이다. 이는 온몸의 긴장을 풀고 나른한 잠에 빠져드는 순간을 보면 알 수 있다. 이 최고의 순간을 지나야 깊은 잠에 빠질 수 있다.

그러니 푹 자려면 어중간하게 생각에 잠겨서는 안 된다. 생각을 하려면 철저히 하고, 그렇지 않으면 아예 생각을 끊으라는 말이다.

둘 중 하나를 과감하게 선택해야 몸이 괴롭지 않고 즐거운 꿈나라로 들어갈 수 있다.

반대로 어중간한 생각은 사람을 공상의 세계로 이끌어 온갖 일에 얽매이게 한다. 이거야말로 불행에 이르는 열쇠다.

....
93 맹세

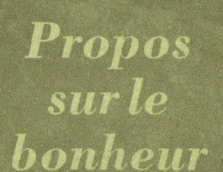

Propos
sur le
bonheur

II

자기 자신에
관하여

036

※

웃어라

우리가 미소 지을 생각조차 하지 않는 이유는 생글생글 웃는다고 해서 좋은 일이 일어나는 것도 아니고, 기분이 바뀌는 것도 아니라고 생각하기 때문이다.

하지만 어쩔 수 없어도 살갑게 웃고, 정중하게 인사를 건네는 예의 덕에 모든 것이 뒤바뀌는 사례는 참으로 많다. 생리학자들은 그 이유를 너무나도 잘 안다. 하품이 그러하듯 미소는 몸속 깊은 곳까지 번져나가 목, 폐, 심장의 긴장을 차례로 풀어주기 때문이다.

이토록 즉시 효과를 내며 잘 듣는 약은 의사도 찾기 어렵다.

10 걱정하는 남자, 아르강

037

예의 있게 행동하라

분별력이나 이성이 있다고 해서 기분 좋은 행동이 나오는 것은 아니다. 분별력 같은 것은 아무 도움이 되지 않는다. 오히려 태도를 바꾸고, 몸을 움직이며, 예의 바르게 행동하는 것이 낫다.

우리 몸의 움직임을 조절하는 근육은 우리가 스스로 제어할 수 있는 유일한 기관이다. 미소를 짓거나 어깨를 으쓱거리는 행동은 걱정거리가 있을 때 보이는 매우 흔한 반응이지만, 이처럼 간단한 움직임만으로도 혈액의 흐름이 즉각 좋아진다. 누구든 자유롭게 기지개를 켜고 하품을 할 수 있다. 이는 걱정과 불안에 가장 잘 듣는 운동이다.

하지만 성마른 사람들은 이렇게 아무렇지도 않은 척을 할 생각도 좀처럼 못 하며, 불면증을 고민하는 사람들은 잠든 척할 생각을 꿈에도 하지 못한다. 반면에 불쾌함은 너무도 쉽게 자각하기에 시간이 지나도 불쾌감이 늘 따라다닌다.

이처럼 자기 자신을 제어하기가 쉽지 않기에 사람들은 예의 바르게 행동해야 하고, 억지로라도 웃어야 하는 상황을 찾는다. 그래서 그리 중요하지도 않은 사람들과의 교제가 많은 것이다.

....
12 미소

038

행복을 연기하라

예의 바른 행동은 우리의 사고에 강력한 영향을 미친다. 상냥함, 친절, 행복을 연기하면 불쾌함을 물리치는데 매우 큰 효과를 볼 수 있다. 심지어 복통까지도 가라앉힐 수 있다.

행복을 연기할 때 동반되는 부드러운 말씨와 미소에는 큰 장점이 있다. 그 대척점에 있는 행동, 즉 격한 분노나 반항심, 슬픔을 드러내는 행동을 할 여지를 주지 않는다는 것이다.

그래서 사람들은 사회활동이나 잡담, 행사, 파티를 좋아한다. 그 자리가 행복을 연기할 기회이며, 그런 희극 덕에 비극으로부터 확실히 벗어날 수 있어서다. 무시할 수 없는 작용이다.

16 마음가짐

039

✳

한 번에 두 가지 자세를 취할 수는 없다

사람의 몸은 한 번에 서로 다른 두 가지 자세를 취할 수 없게 되어 있다.

예를 들어 손은 펴든 쥐든 둘 중 하나만 할 수 있다. 손을 펴는 순간, 움켜쥔 주먹 속에 가둬둔 화는 모두 날아가버린다.

어깨를 으쓱거리는 행동도 마찬가지다. 그렇게 하기만 해도 마음속에 묻어둔 걱정이 해소된다.

삼키기와 기침을 동시에 할 수 없는 것도 같은 예다.

17 운동

040

✳

하품하라

하품은 조바심이나 지루함처럼 일상적으로 전염되는 행위에 대한 전염성 강한 대처법이다.

하품이 질환처럼 사람들 사이에 전염되는 것을 신기하게 여기는 사람이 있다. 하지만 정말로 질환처럼 전염되는 것은 심각함과 신중함, 걱정하는 태도다.

하품은 오히려 생명의 외침, 즉 건강을 회복하는 행위이자 심각한 상황에 대한 거부 반응이다. 말하자면 과감하게 무심함을 선언하는 거나 마찬가지다. 이는 누구나가 바라던 신호 또는 대열을 향한 해산 신호 같은 것이며, 최고의 안락함이다.

그 어떤 심각한 상황도 마지막 대처법은 하품이다.

19 하품의 기술

041

변명하지 마라

자기 자신이 아니라 다른 데서 변명거리를 찾는 사람은 행복할 수 없다.

　자신의 실수를 바로 인정하고 "내가 어리석었다"고 말할 수 있는 사람은 그 경험을 자기 것으로 만듦으로써 더 강해지고 행복해질 수 있다.

26 헤라클레스

042

밝게 생각하라

경험에는 두 종류가 있다. 자신을 주눅 들게 하는 경험과 기분을 밝게 만들어주는 경험이다. 유쾌한 사냥꾼이 있는 한편, 한탄만 하는 사냥꾼이 있는 것과 마찬가지다.

한탄이 습관인 사냥꾼은 토끼를 놓친 뒤 이렇게 말한다. "오늘도 이 모양 이 꼴이구나."

그런데 유쾌한 사냥꾼은 재빨리 달아나는 토끼를 보며 감탄을 연발한다. 애초에 "나 잡아 잡숴" 하고 눈앞에 나타날 토끼는 없다는 사실을 알기 때문이다.

26 헤라클레스

유연함을 잃지 마라

사람의 느낌은 끈질긴 확신을 주는데, 그중에서도 '이것이 내 성향이다'라는 느낌은 터무니없는 착각일 수 있다.

치즈를 싫어하는 사람은 그것을 슬쩍 맛볼 생각도 하지 않는다. 제 입에 맞을 리가 없다고 믿기 때문이다. 혼자 사는 남성 중에는 자신에게는 결혼이 너무나도 맞지 않는다고 단정 짓는 사람이 많다. 이런 식의 거부는 맹목적인 확신과 굳은 신념으로 이어져 유연함을 놓치게 만든다.

30 망각의 효용

044

✳

자신에 관해 너무 많이 생각하지 마라

헤겔이 이런 말을 했다. "정신이 자연적 단계에 머물러 있으면 불행한 자의식에 빠지기 쉽고, 이는 비탄으로 이어진다." 이 탁월한 통찰은 감동적이다.

자신에 관해 이것저것 생각하는 것은 아무 도움이 되지 않는다. 오히려 그런 행위는 위험한 줄타기일 뿐이다. 집요하게 자신에 관해 캐물어본들 수긍할 수 없는 답만 남기 일쑤다. 따분함, 슬픔, 걱정, 조바심 등은 아무리 생각해도 다람쥐 쳇바퀴를 벗어나지 못한다.

36 사생활에 관하여

045

*

진정한 감정은
스스로 만들어내는 것이다

진정한 예의 바름이란 무엇을 해야 할지 스스로 느낄 줄 아는 것이다. 우리는 정중한 태도를 보이고, 겸손하고, 올바르게 행동하려고 한다. 그렇게 해야 한다고 알고 있기 때문이다.

특히 올바른 행동에 관해 이야기해보자. 감정 때문에 일시적인 충동이 일어나더라도 그것을 극복하고 즉시 올바른 행동을 취하는 것은 성실한 사람만이 할 수 있는 일이다. 도둑은 그리할 수 없다. 그런 행동은 보여주기식의 성의가 아니다.

이를 사랑에도 적용해보라. 사랑은 자연스럽기만 한 것이 아니다. 욕망은 오래가지 못한다. 진정한 감정은 스스로 만들어내야 한다.

36 사생활에 관하여

046

✳

의지의 힘이 먼저고
아름다움은 나중이다

음악은 모든 예 중에서도 가장 좋은 예다. 성악만 봐도 그렇다. 먼저 의지의 힘이 있어야 비로소 긴 울림을 만들어낼 수 있기 때문이다. 아름다움은 그 후에야 비로소 느껴지는 것이다.

36 사생활에 관하여

047

✳

즐겨라

'진정한 음악가는 음악을 즐기는 사람이며, 진정한 정치가는 정치를 즐기는 사람이다. 즐긴다는 것은 능력이 있다는 증거다.' 이는 아리스토텔레스의 놀라운 통찰이다.

무슨 일을 하든 그 일에 정말 통달했는지 아닌지는 그 일에서 얼마나 큰 즐거움을 얻는가로 가늠할 수 있다.

47 아리스토텔레스

048

말의 힘을 얕보면 안 된다

말에는 엄청난 힘이 있다. 슬픔을 부추기고 말을 과장해서 하면 만사를 우울한 기분으로 뒤덮을 수도 있다.

또 그렇게 슬퍼한 결과는 새로운 슬픔의 원인이 된다. 어린아이가 놀이 상대에게 사자나 곰의 탈을 씌워놓고 그 상대를 진짜로 무서워하는 것과 같다.

....
55 푸념

049

자신에게 속지 마라

흔한 일이지만, 영리한 사람일수록 자기 자신에게 잘 속는다. 자신의 멋들어진 말솜씨가 이치에 맞고, 옳게 느껴지기 때문이다.

55 푸념

050

지난 일은 후회하지 마라

의지가 강한 사람은 자신이 현재 어디에 있고, 현실이 어떠하며, 무엇을 돌이킬 수 없는지를 인정하고 미래를 향해 나아간다.

하지만 그리하기가 쉽지 않으니, 우선은 작은 것부터 훈련해야 한다. 지난 일은 지난 일이다. 따져서 슬퍼한들 소용없을 뿐 아니라 해롭기까지 하다. 파고든들 부질없고, 깊이 생각한들 쓸데없다.

스피노자는 말했다. 후회는 덕이 아니라고.

57 절망에 관하여

051

자기 자신의 좋은 친구가 되어라

불평불만을 쏟아낸들 무슨 소용인가. 슬픔은 슬픔을 낳을 뿐이다.

운명에 대해 불평하는 것은 자신의 불운을 키우고, 웃을 수 있는 희망을 빼앗으며, 없던 위장병도 만드는 행동이다.

만약 친구가 불쾌한 얼굴로 불평을 늘어놓는다면, 당신은 아마도 그 친구를 달래고 새로운 관점을 제시하려고 할 것이다.

이와 마찬가지로 자기 자신에게도 좋은 친구가 되어야 한다. 진실로 조언하건대, 자신을 존중하고 상냥하게 대해야 한다.

63 빗속에서

052

기분이 좋아야 건강해진다

기분 좋은 상태를 유지하려는 노력은 그 어떤 명의보다 우리 몸을 건강하게 만들 수 있다. 병에 대한 불안은 건강을 해치기 일쑤지만, 기분이 좋은 상태에서는 그런 불안이 사라지기 때문이다.

죽음을 신의 자비라고 생각하고 기다리던 은둔자가 백 살까지 살았다는 이야기가 있는데, 나는 전혀 놀랍지 않다고 본다. 대개는 세상만사에 흥미가 없는 노인이 장수했다고 감탄하지만 말이다. 그건 필시 죽음에 대한 불안이 완전히 사라졌기 때문이다.

사람이 말에서 떨어지는 것은 두려움에 온몸이 굳었기 때문이다. 그와 같은 이치다. 무관심이야말로 효과적인 작전이다.

86 건강의 비결

Propos
sur le
bonheur

III

인생에
관하여

053

＊

현재를 새로운 관점에서 보라 ①

설령 현재가 내 마음에 들지 않더라도 한 가지 좋은 점이 있다.

현재는 더 이상 가능성이 아니라 결론이라는 점이다. 다시 말해서 더 이상 '앞으로 일어날 수 있는 일'이 아니라는 말이다. 그 덕에 우리는 새로운 미래를 새로운 시각으로 바라볼 수 있다.

병으로 고통받는 사람은 특별한 것이 아니라 그저 평범하기만을 바란다. 병이 들기 전에는 슬퍼했을 법한 상황도 환자는 행복으로 여기게 된다.

9 사고방식의 문제

054

✳

현재를 새로운 관점에서 보라 ②

노망난 노인이나 술 때문에 폐인이 된 친구를 보면 마음이 아프다. 그들의 현재를 보는 순간 과거도 떠오르기 때문이다.

자연의 흐름은 멈출 수도, 그 변화를 되돌릴 수도 없다. 새로운 상태를 마주하는 그 순간에 또 다른 상태가 잉태된다.

따라서 당신이 안고 있는 모든 고민거리는 시간의 흐름에 따라 흩어진다.

다음 순간은 다름 아닌 현재의 역경에서부터 만들어진다.

9 사고방식의 문제

055

✳

눈앞의 현실에 집중하라

노인이란 나이를 먹고 괴로워하는 젊은이를 지칭하는 말이 아니며, 사람이 죽는다는 것은 산 사람이 죽음의 세계로 들어선다는 의미가 아니다.

죽음을 생각하느라 비탄에 빠질 수 있는 건 산 사람뿐이며, 불행의 크기를 따지는 것은 행복한 사람뿐이다.

다시 말해서 사람은 자기 문제보다 남의 문제에 생각이 더 잘 미친다는 말이다. 그리하면 인생에 대해 잘못된 관점을 갖게 되니, 주의하지 않으면 인생을 망칠 수 있다.

지식과 힘을 총동원해 눈앞의 현실에 집중해야 한다. 비극을 흉내 낼 때가 아니다.

9 사고방식의 문제

056

기뻐하며 살아야 한다

추위를 이기는 방법은 단 하나, 추위를 좋아하는 것이다. 만족의 달인인 스피노자는 이렇게 말했다.

"몸이 훈훈해져서 기분이 좋은 게 아니라 기분이 좋아서 몸이 훈훈해지는 것이다."

그러니 자기 자신에게 이렇게 이야기해보자.

"일이 잘 풀려서 기분이 좋은 게 아니라 기분을 좋게 유지하기에 일이 잘 풀리는 것이다."

만약 당신이 즐거운 마음을 찾아 나설 생각이라면, 일단 즐거운 마음부터 잔뜩 챙겨야 한다.

20 불쾌감

057

과거에 기대지 마라

"그때 열심히 공부할걸." 나태한 자들은 이렇게 변명하기 일쑤다. 지금이라도 하면 될 텐데 말이다.

한때 열심히 공부했다고 하더라도 지금 더 이상 배우지 않는다면 그것도 좋은 일은 아니다. 과거에 기대는 행위는 과거에 불만을 품는 행위만큼 나쁘다. 어리석은 짓이다. 이미 지나간 일은 가만히 앉아서 끝없이 그 영광을 누릴 수 있을 만큼 대단치 않으며, 만회할 수 없을 만큼 한심하지도 않다.

기회를 살리는 일은 불운한 상황보다 운이 좋은 상황일 때 더 어려운 법이다.

....
22 숙명

058

의지력을 발휘하라

내가 미켈란젤로 같은 사람을 훌륭하게 여기는 이유는 천부적인 재능을 가졌음에도 안락한 인생을 마다하고 고난의 길을 헤쳐 나가는 강렬한 의지가 있었기 때문이다.

그는 자신에게 결코 만족하는 법이 없었는데, 무언가를 배우려고 학교에 들어갔을 때는 이미 머리가 허옇게 세 있었다고 한다. 이 일화가 우유부단한 사람에게 주는 교훈이 있다. 지금이야말로 의지력을 발휘할 때라는 사실이다.

....
22 숙명

먼 미래가 아니라 코앞을 보라

남들은 어떤지 몰라도 나는 미래가 아니라 그저 코앞에 닥친 일만을 생각하려 한다. 점쟁이에게 손금을 보러 갈 마음도 없거니와 세상만사의 본질을 간파하고 미래를 예측할 생각도 없다.

인간의 지식이 아무리 훌륭해도 앞날을 내다볼 수는 없다고 생각하기 때문이다. 인생에서 일어나는 중요한 사건은 누구에게든 예측하지 못한 일이며, 예측할 수도 없다.

25 예언

060

행복해지기 위해 노력하라

누구나 일과 경력을 위해서라면 나름대로 상당한 노력을 기울인다. 그러나 대부분은 행복을 위해서는 아무런 노력도 하지 않는다.

36 사생활에 관하여

061

✳

무턱대고 속도만 좇으면 안 된다

열차 속도가 느리다고 짜증을 내는 승객이 있다.

하지만 재미있게도, 그는 출발 전(또는 하차 후)에 이 신형 열차가 기존 열차보다 15분 일찍 도착한다고 사람들에게 설명하는 데 15분이나 할애하는 데는 전혀 개의치 않는다.

누구든 하루에 적어도 15분 정도는 수다를 떨거나 카드놀이를 하거나 멍하니 시간을 보낸다. 그런데 어째서 열차에서는 그만한 시간을 기다리지 못한단 말인가.

39 속도

062

✳

창밖 풍경을 바라보라

열차 안 만큼 행복을 느낄 수 있는 장소도 없다. 급행 열차라면 더욱 그렇다. 멋들어진 풍경과 앨범 같은 장면이 창밖으로 펼쳐지니까 말이다. 풍경은 계절이나 날씨에 따라 달라진다. 이에 견줄 만한 것이 어디에 또 있을까?

....
39 속도

063

과거나 미래에 사로잡히지 마라

'현재만 견디면 된다. 과거나 미래는 우리를 괴롭히지 않는다. 과거는 이미 존재하지 않고, 미래는 아직 존재하지 않기 때문이다.' 스토아학파의 이 같은 주장은 참으로 맞는 말이다.

　과거와 미래는 사람이 생각할 때만 존재한다. 둘 다 상상에 불과할 뿐 실체가 없다는 말이다. 그런데도 우리는 과거에 대한 후회와 미래에 대한 불안을 스스로 만들어낸다.

53 단검의 춤

064

자기 인생에 전념하라

현재에 전념하라. 시시각각 전진하는 자기 인생에 전념하라. 이 순간이 지나면 다음 순간이 온다. 현재 살아 있는 것처럼 다음 순간에도 살면 된다.

당신은 미래를 두려워한다. 하지만 미래는 현재의 당신이 알 수 없는 영역이다. 게다가 생각대로 흘러가지도 않는다. 현재 당신의 고통도 다음 순간에는 가벼워질 수 있다.

'만물은 변하고 모든 것은 지나간다.' 들을 때마다 슬프지만, 때로는 위로가 되는 격언이다.

53 단검의 춤

065

죽거나 최선을 다해 살거나

우리는 불행을 견딜 수 있는 강인함을 갖추고 있다. 그리고 그래야만 한다.

피할 수 없는 일이 우리 어깨를 붙잡는 순간, 우리는 이미 빠져나올 수 없는 지경에 이른 것이다. 그 상황에서는 죽거나, 아니면 최선을 다해 살 수밖에 없다. 대부분은 후자를 선택하기로 마음먹는다. 살고자 하는 본능은 참으로 대단하다.

59 타인의 재난

066

고단한 인생을 산다는 것

인생이 고단할수록 고난 뒤에 다가오는 기쁨을 더 잘 맛볼 수 있다. 그 상황에서는 아직 일어나지 않은 불운까지 미리 고민할 여유가 없기 때문이다. 당장 필요한 것만 챙겨도 힘에 부칠 테니 말이다.

59 타인의 재난

067

자신에 관한 생각은 접어둬라

힘든 일에 온 힘을 다하는 사람은 온전한 행복 속에 있다고 할 수 있다.

하지만 자신의 과거나 미래에 온갖 생각을 굴리는 사람은 그럴 수 없다. 지금 하는 일에 책임을 지면 행복하겠지만, 자신의 짐을 짊어지는 순간, 모든 길은 고난의 길로 변한다. 과거와 미래는 길 가운데 놓인 장애물이다.

요컨대, 자신에 관한 생각은 접어두라는 말이다.

59 타인의 재난

068

살아 있는 죽은 자

죽었다고 죽은 것이 아니다. 살아 있는 우리가 있기 때문이다. 죽은 자도 머리를 굴리고, 말하고, 행동까지 한다. 충고하고, 바라고, 인정하고, 비판도 한다. 이게 무슨 말인가?

이 모두는 우리 안에서 일어나는 일이다. 죽은 자가 우리 안에서 활기차게 살아 있다는 말이다.

61 고인 예찬

069

죽은 자의 조언에 귀 기울여라

사람은 대부분 자기 자신에 관해 제대로 파악하지 못한다. 자기 눈에는 자신이 너무도 나약하고 방황만 하는 것으로 보인다. 주변의 것을 있는 그대로 파악하는 동시에 자신을 정확하게 바라보는 게 쉽지 않다.

그러나 죽은 자에 대해서는 사소한 것들은 잊게 하는 경건한 마음이 있기에 그의 생전 모습 그대로를 떠올릴 수 있다. 죽은 자가 남긴 조언이 현실 세계에서 힘을 발휘하다니 참으로 인간적인 현상이다. 그런데 이는 죽은 자가 더는 이 세상에 존재하지 않기에 가능한 일이다. 현실 세계에 존재한다면 온갖 방해 요소가 작용할 것이다.

그래서 제대로 보고 주의 깊게 귀 기울여야 한다. 죽은 자는 과거에 자신이 바라던 바가 당신 안에 살아 숨 쉬기를 바란다. 그리고 그것이 당신 인생을 충분히 발전시키기를 바란다.

61 고인 예찬

070

자신을 신뢰하라

신뢰가 중요한 이 세상에서는 특히 자신을 충분히 신뢰하지 않으면 엄청난 계산 착오를 일으킬 수 있다.

자신이 쓰러질 거라고 불안해하면 실제로 쓰러진다. 할 수 있는 일이 아무것도 없다고 생각하면 정말 아무것도 할 수 없다. 상대가 자신을 속일 거라고 의심하면 여지없이 속아 넘어가게 된다.

그래서 주의해야 한다. 상황을 좋게 만들지, 얄궂게 만들지는 자신에게 달렸다. 우선은 자기 내부, 나아가 주변 인간 세상에 대해서도 신뢰하는 마음을 갖자.

68 낙관주의

071

✳

희망을 잃지 마라

절망이든 희망이든, 시시각각 모양이 바뀌는 구름보다 빠르게 사람들 사이를 퍼져나가는 법이다.

상대를 믿으면 상대는 성실해진다. 처음부터 비난하고 들면 상대는 이쪽 것을 훔치려 든다. 내가 상대방으로부터 받을 수 있는 것은 자신이 상대방에게 무엇을 주었는가에 따라 달라진다.

그러니 희망을 잃지 않으려면 의지력이 있어야 한다. 희망이란 평화나 정의처럼 우리가 원해야 만들어낼 수 있기 때문이다.

반면에 절망은 가만히 있기만 해도 저절로 강해진다.

68 낙관주의

Propos
sur le
bonheur

IV

행동에
관하여

072

✳

일단 행동하라

누가 선택했단 말인가? 있을 수 없는 일이다. 선택한 사람은 아무도 없다.

누구나 처음에는 아이였으니까 말이다. 그 누구도 선택하지 않고, 그저 행동했을 뿐이다.

생각해보면, 경력이란 것도 자연의 힘과 환경의 산물이다. 아무리 깊이 생각해도 안 되는 이유는 이 때문이다.

22 숙명

073

모든 길은 옳은 길이다

아무도 선택하지 않았다. 우리 모두는 그저 멈추지 않고 계속해서 걷고 있다. 그 모든 길은 옳은 길이다. 인생의 궁극적 의미는 자신이 지나온 길과 지금 하는 일의 내용에 관해 이러쿵저러쿵 평가를 내리는 것이 아니라 확실히 해내는 데 있다.

　사람은 이미 선택한 것과 선택하지 않은 것을 보면서 운명의 증표를 발견하고 싶어 한다. 하지만 그런 선택에 속박될 이유가 없다. 왜냐하면 본질적으로 나쁜 운명 따위는 없으며 마음먹기에 따라 그 어떤 운명도 좋은 운명이 될 수 있기 때문이다.

....
22 숙명

074

⁂

필요 없는 것은 잘라내라

어떤 사람은 나무 한 그루, 가지 한 줄기가 잘려 나가는 것만 봐도 슬퍼한다. 하지만 만약 나무꾼이 없다면 금세 수풀이 우거져 뱀이 우글거리고, 늪지가 생기고, 열병이 돌고, 식량을 구하지 못해 굶어 죽는 사람이 생기게 될 것이다.

마찬가지로 우울도 말끔히 베어내야 한다. 자기 기분을 부정하는 행위의 본질은 불신이다.

인간은 낫과 도끼로 세상을 열었다. 그러한 도구를 이용해 잘못된 믿음을 제거하고 인생의 길을 개척했다. 이는 예언에 대한 과감한 도전이다.

그런데 예언의 증표를 감지덕지 받아들이게 되면 세상은 당장 우리 눈앞에서 무성한 덤불이 되어 그 존재를 과시한다.

23 예언자의 영혼

075

✳

원하는 것은 직접 쟁취하라

누구나 자신이 원하는 것을 손에 넣을 수 있다. 그런데 젊은이들은 이에 관해 잘못 이해하고 있다. 그들은 신의 은총을 빌며 기다리기만 한다. 그런데 신의 은총은 하늘에서 뚝 떨어지는 것이 아니다.

우리가 바라는 것은 산과 같아서 저 멀리서 가만히 우리를 기다릴 뿐이다. 그것을 손에 넣으려면 우리가 직접 올라가야 한다.

내가 아는 한, 기세 좋게 의욕적으로 출발한 사람들은 모두 각자의 목적지에 도달했다. 그것도 내가 생각한 이상의 속도로 말이다.

28 의욕 넘치는 사람들

076

✳

스스로 구하라

이 세상은 스스로 구하지 않는 사람에게는 아무것도 주지 않는다. '스스로 구하지 않는 사람'이란 '끈기 있게 계속 구하려는 노력을 하지 않는 사람'을 뜻한다.

세상은 공평하다. 교양과 재능이 있어도 저절로 얻어지지는 않으니 말이다. 지식이나 확고한 판단력이 있더라도 하는 일을 좋아하고 스스로 달려들지 않으면 아무 소용이 없다.

28 의욕 넘치는 사람들

077

자신의 흔적을 남겨라

의지가 강한 사람은 의지력을 발휘하는 데 뛰어나다. 온갖 일이 일어나는 이 변화무쌍한 세상에서 그들은 의지력 덕에 성공을 거두고야 만다.

　의지가 강한 사람의 특징은 무슨 일을 하든 자신의 흔적을 남긴다는 점이다. 사실, 강한 의지력은 생각만큼 특별한 것이 아니다. 옷을 입으면 주름이 잡히는 것처럼 그 사람의 몸과 움직임에 맞춰서 흔적은 생기기 마련이다.

29 운명에 관하여

078

이해하고 행동하라

이해하기와 행동하기만이 진정한 치료 방법이다. 아무것도 하지 않고 빈둥거리면 머지않아 불안과 후회에 사로잡히게 된다.

반면에 생각하기는 일종의 게임 같아서 늘 도움이 된다고는 할 수 없다. 루소는 이렇게 말했다. "명상하는 인간은 자연에 반하는 생물이다."

38 권태

079

진정한 해결책은
어찌해야 하는지를 아는 것이다

야심가는 늘 무언가를 찾아다닌다. 한 줌의 행복이 거기 있다고 믿기 때문이다. 그리고 그 바쁜 상황에 만족한다. 실망하고 크게 낙심했을 때조차 불행의 한가운데에 서서 여전히 만족한다. 이미 해결책을 알고 있어서다.

　진정한 해결책은 어찌해야 하는지를 아는 것이다.

40 도박

080

자진해서 행동하라 ①

사람은 누구나 자신이 주도해서 생각하고 행동하기를 원한다. 남이 시켜서 움직이는 것을 좋아하는 사람은 없다.

그 어떤 고난도 마다하지 않는 강인한 사람도 강요된 일은 싫어한다. 누구든 그렇다. 누구든 우연히 일어난 불운을 반기지 않으며, 필연적인 운명의 강요도 싫어한다.

하지만 고난을 스스로 받아들이고 일어서는 행위는 행복으로 이어진다.

42 행동한다는 것

081

✳

자진해서 행동하라 ②

사람은 시절이 몰고 오는 운명보다 제 손으로 만들어 내는 운명을 좋아한다. 그래서 전쟁 속에서도 시를 읊는다. 이런 행동은 적군에 대한 적개심을 가라앉히는 힘까지 있다.

전쟁과 그 외 온갖 감정은 스스로 자유롭게 결정할 수 있다는 황홀감으로 이해할 수 있다. 천재지변은 일방적으로 당하는 것이지만, 전쟁은 일종의 게임처럼 사람이 생각해낸 것이다.

그래서 나는 분별력과 이성만으로는 평화를 충분히 보장할 수 없다고 생각한다. 왜냐하면 전쟁을 멈추고 화해하는 행위는 정의를 사랑하는 마음이 있어야 가능한데, 정의를 만들어낸다는 것은 터널이나 다리를 만드는 것과는 달리 매우 어렵기 때문이다.

'평화는 만들어내는 것'이라는 말은 그래서 나온 것이지 다른 이유 때문이 아니다.

42 행동한다는 것

082

✳

행동하는 힘은 사람을 끌어들인다

전쟁은 왜 사라지지 않는가? 전쟁은 사람을 행동 속으로 끌어들이기 때문이다.

이성적인 사고는 노면전차의 전등 같아서 전차가 출발하는 순간 잠시 꺼지기도 한다. 행동의 놀라운 힘도 이렇게 설명할 수 있다. 행동의 힘은 양식의 등불을 꺼뜨리고, 제멋대로 자신을 정당화하며, 동시에 온갖 세밀한 감정을 제거해버린다. 행동을 시작하면 정의감까지도 사라진다.

43 행동하는 사람

083

✳

행동하지 않는 즐거움보다
행동하는 역경을 선택하라

사람은 거저 얻은 즐거움에 금세 염증을 느낀다. 제 손으로 쟁취한 기쁨을 훨씬 좋아한다. 그중에서도 행동하기와 이기기를 좋아한다. 괴로움이나 패배를 원하는 사람은 없다.

그래서 사람은 행동하지 않는 즐거움보다 행동하는 역경을 선택한다.

역설을 좋아한 디오게네스는 '역경의 진정한 가치'를 강조했다. 그가 말한 역경은 스스로 선택하고 스스로 받아들인 역경을 가리킨다. 오로지 견디기만 하는 역경은 아무도 바라지 않는다.

....
44 디오게네스

084

✳

기쁨은 행동의 결과에 불과하다

사람은 대부분 안락함보다 행동하기를 선택한다. 그리고 보통은 올바른 행동, 특히 정의라는 이름의 행동을 선호한다. 그런 행동이 끝없는 기쁨을 낳는다는 사실은 의심할 여지가 없다.

다만, '기쁨을 맛보기 위해 행동한다'는 생각은 잘못된 것이다. 기쁨은 행동의 결과에 불과하다.

사랑하는 기쁨을 알게 되면 쾌락을 추구하는 마음은 일어나지 않는다. 인간은 그런 존재다.

45 에고이스트

085

✳

역경을 맞으면 투지를 불살라라

아무것도 하지 않는 사람은 아무것도 바라지 않는다. 그런 사람들은 완벽한 행복이 눈앞에 찾아와도 환자처럼 외면하기만 한다.

음악을 듣기보다 연주하고 싶어 하는 사람이 세상에 많은 이유는 역경 속에 즐거움이 있어서다. 인생이 역경을 맞을 때마다 피가 끓고 의욕이 불타오르는 것은 그 때문이다.

쉽게 얻을 수 있다면 올림픽 메달을 누가 탐내겠는가?

46 따분한 임금님

086

※

우유부단은 최대의 해악이다 ①

데카르트가 말했다. "우유부단이야말로 최대의 해악이다."

인간의 특질을 이토록 적확하게 간파한 표현이 또 있을까? 사람의 모든 감정과 무익한 선동은 이 말로 다 설명할 수 있다.

사람들이 도박을 좋아하는 이유는 의사결정의 힘이 필요해서다. 하지만 사람들은 도박이 사람의 마음에 미치는 영향에 대해 크게 오해한다.

78 우유부단에 관하여

087

우유부단은 최대의 해악이다 ②

행동을 상상하는 것만으로는 아무 일도 일어나지 않
으며, 아무런 변화도 생기지 않는다.

   그런데 행동의 결과는 죽이 될 수도 있고, 밥이 될 수
도 있다. 왜냐하면 행동이 시작되면 잘 해오던 검토도
중단되기 때문이다.

78 우유부단에 관하여

088

결단하는 기술을 익혀라

생각은 분명 즐거운 일이다. 하지만 결단하는 기술이
있을 때 비로소 생각의 즐거움도 맛볼 수 있는 법이다.

....
79 예의범절

Propos
sur le
bonheur

V

인간관계에
관하여

089

***

가장 큰 적은 자기 자신이다

날카로운 말의 화살은 모두 자신이 쏜 것이다. 게다가 그것은 모두 자신에게 도로 날아온다. 가장 큰 적은 바로 자기 자신이다.

6 감정에 관하여

090

가족과 떨어져라

걱정거리가 있으면 잠들기 어려운 법이다. 그러면 사람들은 병으로 착각해 밤에는 뜬눈으로 지새우고, 낮에는 잠을 못 잤다며 주변 사람들에게 끊임없이 우는 소리를 한다. 그러는 사이 불면증은 불변의 사실로 둔갑하고 화젯거리가 된다. 그리하여 또 한 사람의 신경쇠약증 환자가 만들어진다.

그럼 어찌해야 할까? 가족에게서 떨어져 자신에게 무관심한 사람들 사이에서 생활해야 한다. 그들은 불평 따위에 귀 기울여주지 않으며, 늘 따뜻한 마음 씀씀이로 보살펴주지도 않는다.

이런 환경에서도 쉽게 절망하지 않는다면 분명 건강해질 것이다.

34 배려

091

✳

민낯을 보여라

가족은 서로를 소중히 여길수록 격식 없이 민낯을 보인다. 엄마는 자식들 앞에서 좋은 엄마를 연기할 이유가 없다. 만약 엄마가 의도적인 행동을 한다면 그건 아마도 자식이 감당하기 어려울 만큼 고약하게 굴기 때문일 것이다.

그래서 착한 아이는 가끔 방치되는데, 그건 사실 칭찬이며 보상이다. 우리는 관심 없는 사람에게 예의를 차리고 소중한 사람에게는 기분을 있는 그대로 드러내니까 말이다.

35 가정의 평화

092

가족을 만들고 지키는 의지의 힘

가족이라는 구조는 사법 구조와 비슷하다. 어쩌다 만들어지는 것이 아니라 의지력을 발휘해 만들고 지켜내기 때문이다.

일시적인 충동 속에 숨어 있는 위험을 제대로 이해하는 사람은 자신의 행위를 제어하고 자신의 소중한 감정을 지킨다. 의지력을 발휘하면 결혼은 깨지지 않는다. 의지력을 발휘하면 가정의 분란도 가라앉힐 수 있을 뿐 아니라, 가족을 지키기 위해 노력하게 되기 때문이다. 그래서 결혼 서약이 중요하다.

35 가정의 평화

093

사람과 사람의 만남은 기적이다

과일 하나도 맛있게 만들 궁리를 하는데, 결혼생활이
나 그 외 온갖 인간관계는 말할 것도 없다.

사람과 사람의 관계는 간만 보고 끝내거나, 잠자코 감
수하기만 해서는 안 된다. 스스로 만들어나가야 한다.

사람과 사람의 관계는 기상이나 풍향에 따라 변화를
일으키는 날씨와 다르다. 자기 자신이 마술사가 되어
비를 내리기도 하고 구름을 걷어내기도 하는 '기적의
장'이다.

36 사생활에 관하여

094

결혼생활을 행복하게 꾸려라

부부간의 갈등은 다른 사람들과의 관계를 통해 개선된다. 그러한 관계는 두 가지 역할을 한다. 먼저 친구나 친척과의 만남 덕분에 부부 사이에도 같은 예의범절이 스며든다. 변덕 따위는 부리지 않는다고 보여주려면 예의 있게 행동해야 한다. '그렇지 않은 척'은 매우 적절한 표현이다. 마음의 동요를 겉으로 드러내지 않으면 느껴지지도 않는다. 그러니 아무리 사랑해도 예의 바르게 대하는 편이 불쾌하게 하는 것보다 성실한 태도다.

또한 다른 사람들과의 관계를 활발히 맺으면 남편의 관심이 충족되어 그가 자신만의 세계에서 방황하지 않게 만들 수 있다. 남자는 아무리 노력한다고 해도 가만히 있으면 불안정해진다. 결혼생활을 사랑에만 의지하는 부부는 어딘가 위태롭다. 그런 가정은 바다로 나서기에는 너무나도 부실해서 불안정한 쪽배와 다름없다. 안정된 바탕이 부족한 것이다.

37 부부

125

095

전쟁은 '권태'에서 비롯된다

전쟁에는 도박의 요소가 있다. 전쟁을 일으키는 원인은 '권태'다.

　생각해보라. 남보다 일이나 고민거리가 적은 사람들이 가장 호전적이지 않은가!

40 도박

096

※

동정하지 마라

배려는 인생에 악영향을 주기도 한다. 특히 상대를 불쌍하게 보는 마음이 그러한데, 흔히 동정이라 부르는 마음이다. 이는 인간 세상에 만연한 골칫거리 중 하나다.

58 동정에 관하여

097

미소를 보여라

"이놈의 비가 또 내리네!" 같은 불평이 무슨 도움이 되는가. 불평은 비가 내리고, 구름이 끼고, 바람이 부는데 아무런 영향을 주지 못한다. 차라리 "반가운 단비가 내리는구나"라고 말하라. 그래야 기분도 좋아지고 몸도 상쾌해지며, 실제로도 몸이 따뜻해진다. 기쁨을 표현하는 작은 몸짓이 그런 효과를 낳는 것이다.

사람도 비와 같다. 그리 간단하지 않다고 반박하겠지만, 아주 간단하다. 비보다 훨씬 간단하다. 미소를 짓는다고 내리던 비가 그치지는 않겠지만, 사람에게는 상당한 효과를 볼 수 있다.

미소를 지어 보이기만 해도 상대의 슬픔과 따분함은 가벼워지니까 말이다.

63 빗속에서

098

✳

가장 큰 적은
상대가 아니라 자기 자신이다

대개 자신에게 적이 있다고 생각하는데, 이는 잘못된 생각이다. 사람의 생각이 늘 옳지는 않다.

많은 사람이 자기편을 만들기보다 적을 키우는 데 열심이다. 상대가 내 불행을 바란다고 여기면서 말이다. 정작 상대방은 아무 생각이 없는데, 당신의 머릿속에는 그런 생각이 박혀 있다. 그 생각이 얼굴에 드러나면 상대방은 그것만 보고도 적개심을 품게 된다.

자기 자신을 제외하면 적은 거의 없다. 가장 큰 적은 언제나 자기 자신이다. 잘못된 생각과 무의미한 불안, 맥 빠지는 말을 반복함으로써 자신이라는 적을 키우는 것이다.

67 자신을 알라

099

✳

험담에 신경 쓰지 마라

누구든 험담을 들을 때가 있고, 칭찬을 들을 때도 있다. 사람은 원래 그런 법이니 상대의 기분을 상하게 하는 것이 아닌지 일일이 걱정할 필요가 없다.

화가 치솟을 때 앞뒤 분별을 못 하다가 나중에 가서 험담을 신경 쓰는 사람은 겁이 많아서 그렇다. 자신이 상대의 기분을 상하게 했다는 생각에 자신을 나쁜 사람이라고 느끼는 것이다.

하지만 원리만 알고 있으면 그 흐름에 휘말리지 않을 수 있다.

100

＊

상대방은 나를 비추는 거울이다

자신의 감정을 다루는 것보다 상대의 감정을 다루는
게 더 쉬운 법이다.

대화 상대의 감정에 신중하게 대처하는 사람은 자기
자신의 감정도 치료할 수 있다. 대화를 나누든, 함께
춤을 추든 상대방은 그의 상대, 즉 나를 비추는 거울이
기 때문이다.

71 배려

101

✳

신경 쓰지 마라

의미 없는 온갖 악다구니는 남의 감정에 상처를 입힘
으로써 돌이킬 수 없는 사태를 초래하는 일 없이 분노
만을 해소하려는, 본능적인 대안인지도 모른다.

　실제로 악다구니는 모두 실없는 헛소리에 불과하다.
그것만 알면 그러한 악다구니에 별다른 뜻이 없으며,
일일이 이해할 필요도 없음을 알게 될 것이다.

77 욕설

102

배려심을 가져라

죽은 자에 관해서는 최대한 따뜻하고 기쁜 마음으로 말해야 한다. 슬픔을 대단한 것, 아름다운 것이라고 가르치는 가톨릭 사제의 잠꼬대를 거부하는 것 말고도 살아 있는 우리에게는 할 일이 많다.

우리는 인생을 훌륭하게 살아내야 한다. 나쁜 것에 감화되거나 슬픔을 과장함으로써 타인과 자신에게 상처를 주어서는 안 된다.

그리고 모든 것은 연결되어 있으니, 인생의 사소한 불행에 관해 떠들고 다니거나, 남에게 일부러 보여주거나, 부풀려 말하지 말아야 한다.

또 남에게나 자신에게나 친절해야 한다. 남의 삶을 돕고, 자기 삶도 도와야 한다. 이거야말로 진정한 배려다.

친절한 행위가 기쁨을 낳는다. 사랑해야 기쁜 것이다.

73 좋은 기분

103

＊

예의를 배워라 ①

예의는 춤을 배우듯 가르침을 받고, 나아가 몸에 익혀
야 한다.

춤출 줄 모르는 사람은 정해진 동작을 외워서 그대
로 움직이다 보니 춤이 어렵다고 말한다. 하지만 이는
겉핥기만 했기 때문이다.

춤이 어려운 이유는 뻣뻣하거나 남의 눈에 어색하게
보이지 않도록, 다시 말해 물 흐르듯 출 수 있어야 하
기 때문이다. 이처럼 예의를 배우는 것은 전체 중 극히
일부일 뿐이다. 배운 대로 행동하는 것은 예의범절의
입구에 들어선 데 불과하다.

예의 있는 행동은 정확하고도 부드러워야 한다. 딱
딱하거나 불분명하면 안 된다. 약간만 불안해도 상대
가 다 알아채기 때문이다.

상대에게 불안감을 준다면 예의 있는 행동이라 할
수 없다.

104

예의를 배워라 ②

거칠고 상스러우며 성급함이 묻어나는 행동은 모두
예의에 어긋난 것이다. 어느 한쪽이라도 눈치챈다면
이미 예의를 벗어난 행동이다. 약간이라도 위압감을
준다면 선을 넘은 것이다.

　말하자면 무례는 위협과도 같은 것이다.

82 예의

105

예의를 배워라 ③

예의가 없는 사람은 혼자 있을 때도 사소한 행동에 힘이 과하게 들어간다. 복잡한 감정과 자신에 대한 불안 때문에 안정감이 사라졌기 때문이다.

꾸며낸 듯 과한 언행은 자신감 부족, 그리고 자신의 믿음을 지키지 못할 거라는 불안감에서 비롯된다. 이런 불안감은 오래 견디기 어려우며, 어느새 미움으로 바뀐다. 그리고 자신을 포함한 모두를 향하게 된다.

82 예의

106

예의를 배워라 ④

의식적인 행동은 모두 예의의 범주에서 벗어난다. 예의 바르다는 말은 자연스러운 행동에만 해당한다. 표현하려는 의도가 없이도 드러나는 것이 예의범절이다.

떠오른 생각을 충동적으로 입에 담고, 감정을 억누르지 못하고, 감정을 자각하기도 전에 놀라움과 혐오감과 기쁨을 거리낌 없이 드러내는 사람은 모두 예의를 몰라서 그렇다. 그래서 늘 미안하다는 말을 달고 살아야 한다.

자기도 모르게 제 의도에 반하면서까지 남의 기분을 해치고 당혹감을 느끼게 하기 때문이다.

83 바른 행동거지

107

✳

예의를 배워라 ⑤

예의범절은 습관이 되어 자연스럽게 흘러나와야 한다. 그래서 펜싱처럼 배워서 익혀야 한다.

잘난 체하는 사람들은 그 꾸며낸 티가 나는 엉뚱한 언행을 자각도 없이 해댄다.

언행이 부자연스러운 사람들은 잘난 체하고는 싶은데, 어떻게 해야 하는지를 모른다. 그들은 말과 행동의 중요성은 안다. 그래서 몸을 움츠리게 되고 긴장해서 굳어버린다.

이와 달리, 몸가짐이 바른 사람은 태도와 행동이 조화를 이룬다. 몸가짐이 바른 사람은 그 누구의 기분도 해치거나 상처 입히지 않는다. 이런 자질은 행복해지기 위한 필수 요소다.

'행복하게 사는 법'을 알고자 한다면, 이런 자질도 소홀히 해서는 안 된다.

83 바른 행동거지

108

있는 그대로를 받아들여라

대인 관계를 맺을 때, 서로가 서로에게 기대할 수 있는 바는 하나밖에 없다. 상대방의 존재를 인정하고, 그 사람이 진정 그 자신이기를 바라는 것이다.

상대방을 있는 그대로 받아들인다는 것은 대단한 일이 아니다. 결국은 그리하게 되어 있다. 상대방이 있는 그대로의 자기 모습으로 있기를 바라는 것이 진정한 사랑이다.

88 시인들

109

속박하지 마라

완전한 것들끼리는 반발할 일이 없다. 충돌은 불완전하고 부도덕한 것들 사이에서 일어난다. 대표적인 예가 불안이다.

그래서 나는 사람을 속박하는 폭군과 비겁자의 방식이 터무니없고 어리석다고 생각한다.

속박을 풀어라. 자유롭게 둬라. 두려워하지 마라. 자유로운 인간은 적개심을 품지 않는다.

88 시인들

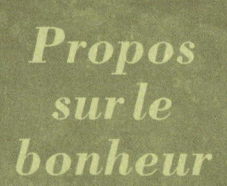

Propos
sur le
bonheur

VI

━━━━━━━━━━━━━━━━━━━━━━━━━━━

일에
관하여

110

＊

가치 있는 것을 추구하라

책임감을 가지고 훌륭한 일을 하고, 다양한 책을 읽고, 소중한 벗이 있음에도 배우는 바가 없다면 부끄러운 일이다.

그런데 사람들이 저지르는 그보다 더 중대한 실수가 있다. 가치 있는 일에 흥미를 느끼면서도 적극적으로 뛰어들기를 주저하는 것이다.

자신이 정말 바라는 바에 욕심을 내보면 때로는 멋진 인생의 힌트를 얻을 수 있다.

4 신경쇠약증

111

일은 자신에게
권한이 있을 때 즐길 수 있다

자신에게 권한이 있는 일은 즐길 수 있지만, 남의 지시
에 따르기만 해야 한다면 재미를 느낄 수 없다.

44 디오게네스

112

일을 즐겨라

일은 즐거움을 얻을 수 있는 유일한 길이다. 그 자체로 완전한 만족감을 얻을 수 있는 것은 일뿐이다.

물론 여기서 말하는 일이란, 스스로 자유롭게 선택한 일일 뿐 아니라 자기 능력을 발휘하는 데서 한 발 더 나아가 또 다른 새로운 능력을 발견할 수 있는 일을 말한다.

이때 중요한 것은 잠자코 시키는 대로만 하지 말고 자진해서 행동해야 한다는 점이다.

47 아리스토텔레스

113

※

역경이야말로 기쁨을 가져다준다

얽매인 데 없이 제 손으로 일을 찾는 자영 농부의 행복
이란, 일이 끊이지 않으며 하나의 수확이 다음 수확을
낳는 것이다.

그런데 고생이 수반되는 이 행복에 사람들은 목청
높여 반발한다. 저절로 굴러들어 오는 행복을 바라는
어리석은 생각 때문이다.

디오게네스의 주장처럼 역경은 좋은 것이다. 그런데
머리가 그 역설을 좀처럼 받아들이려고 하지 않는다.
그래도 우리는 이를 이해해야 한다.

다시 한번 말하지만, 우리를 곰곰이 생각하게 만드
는 역경이야말로 기쁨을 가져다준다.

47 아리스토텔레스

114

역경을 선택하라

역경이야말로 만족감을 가져다준다.

　그렇기 때문에 사람들이 어려움 없이 남이 시키는 대로 해야 하는 일보다 시행착오의 여지가 있는 어려운 일을 선택하는 것이다.

48 행복한 농부

115

✳

스스로 찾아 자유롭게 일하라

일은 세상 모든 것 중 최고이기도 하지만, 최악이기도 하다. 스스로 찾아서 자유롭게 일한다면 최고이지만, 반대로 자신이 주도할 수 없다면 최악이다.

자유로운 일이란 일하는 사람이 자기 경험과 지식을 살려 조정할 수 있는 일이다. 일의 완성도를 제 눈으로 실제로 확인하면서 그 완성도를 조정하고, 거기서 배울 수 있는 것들에 스스로 귀를 기울이는 한, 그 사람은 행복하다고 할 수 있다.

48 행복한 농부

116

✳

남에게 도움을 주는 일은
그 자체로 기쁨이다

남에게 도움을 주는 일은 그 자체로 기쁨이다. 그 일을 통해 이익을 얻어서가 아니라 그 일을 한다는 것만으로도 기쁨이 된다.

49 해야 하는 일

117

강약 조절이 중요하다

개중에는 아이들을 평생 게으름뱅이로 만드는 교사가 있다.

교사가 일 년 내내 공부만 강요하면 아이들은 마지못해 억지로 하는 최악의 공부법을 익히게 된다. 그리되면 공부만 하면 극도의 피로가 몰려든다.

그런데 강약을 잘 조절하면 공부도 기분 좋게 할 수 있고, 극도의 피로를 느낄 일도 없다. 억지로 하는 따분한 일은 잘못된 산책에 비유할 수 있다. 산책 중에는 줄곧 온몸이 무겁다가 산책이 끝나면 아무렇지도 않은 것 말이다.

정말 힘든 일을 할 때는 싫다는 생각도 잡다한 걱정거리도 떠오르지 않는다. 그런 일을 끝내고 나면 마음껏 쉬고 깊이 잠들 수 있다.

49 해야 하는 일

118

✳

"할 거야"가 아니라
"하고 있어"라고 말하라

불안은 현재에 존재하고, 계획은 미래에 존재한다. 게으른 자는 입버릇처럼 "할 거야"라고 말한다.

우리는 "할 거야"가 아니라 "지금 하고 있어"라고 말해야 한다. 미래는 행동 속에 있기 때문이다. 상상만으로는 미래를 제대로 예측할 수 없지만, 실제로 일하면서 보게 되는 미래는 그저 상상만 할 때보다 훨씬 나은 모양이다.

하지만 그렇게 생각하지 않는 사람이 많다. 그래서 꿈만 꾸는 사람들은 이렇게 말한다. 남이 한 일보다 자기 계획이 더 훌륭하다고 말이다.

50 일

119

희망을 품기 전에 일단 시작하라

자수를 놓을 때도 처음 몇 바늘은 아무리 봐도 멋지지 않다. 그런데 수를 계속 놓다 보면 희망이 생기고 탄력이 붙는다.

그래서 기독교의 일곱 가지 덕목 중 '믿음'이 첫째고, '소망'이 둘째다. 다시 말해 희망을 품기 전에 우리는 일단 일을 시작해야 하며, 희망은 일이 진행되고 잘 굴러갈 때가 돼야 생긴다는 뜻이다.

현실의 계획을 발전시킬 힘은 그 일 안에 있다.

50 일

120

✳

행동을 통해 행복해져라

흔히 행복은 그림자 같아서 눈앞에서 도망치기 쉽다고 말한다. 상상 속의 행복이라면 분명 그렇다. 손에 넣을 수 없기 때문이다.

그러나 행동을 통해 얻은 행복은 상상 속의 개념이 아니며, 상상할 수도 없다. 이 행복은 그야말로 실제로 존재하기에 따로 이미지를 그리기가 어려운 것이다.

50 일

121

문제의 핵심에 다가가라

에픽테토스는 "잘못된 생각을 버리면 불운도 사라진다"고 말했다. 불안과 강박관념은 해결책이 같다. 문제의 핵심에 다가가서 무엇이 어찌 되고 있는지를 이해해야 한다.

배를 타고 가다가 폭풍우를 만나면 사람들은 이렇게 말한다. "바다가 미쳐 날뛴다. 이건 분명 지옥의 굉음이야. 성난 파도가 소용돌이친다! 위험해, 파도가 덮칠 거야!"

하지만 이는 틀린 말이다. 바다가 미치거나 성났기 때문이 아니라 배의 무게와 조류, 그리고 바람의 균형으로 일어나는 현상이니까 말이다. 불운의 문제가 아니며, 생명을 위협하는 요소는 굉음과 격렬한 요동이 아니다. 운명의 문제도 아니다. 배가 난파당해도 생존할 수 있고, 바다가 온화해도 익사할 수 있지 않은가.

핵심은 단 하나, 물 위로 얼굴을 내밀고 버틸 수 있는가다.

65 에픽테토스

122

신경을 집중하라

결투가 익숙한 사람은 결투장에 서서도 두려워하지 않는다. 자신과 상대의 행동을 분명히 인식하기 때문이다.

그런데 건곤일척의 순간이 오면 상대의 칼에 찔리기 직전에 숨죽이고 있던 불운이 고개를 든다. 이 공포심은 실제로 상처를 입는 것보다 훨씬 위험하다.

65 에픽테토스

123

✳

연습을 반복해 몸으로 익혀라

나쁜 일이 일어나도 원인을 따져서 이해하는 사람은
저주하거나 비관하지 않는다.

　무언가를 시작할 때는 실패를 겪는 것이 당연하다.
서툰 사람은 작은 움직임에도 온몸의 체중을 싣고 힘
을 준다. 못 하나 박는 아주 쉬운 일도 처음에는 누구
나 서툴기 마련이다.

　반면에 연습을 통해 몸으로 익힌 기술에는 한계가
없다. 모든 예술 작품과 수작업이 이를 증명한다.

69 매듭 풀기

Propos
sur le
bonheur

VII

행복에
관하여

124

✳

간절히 희망하라

무엇이든 감사한 마음으로 받아야 한다. 희망에서 이유가 싹트고 조짐에서 성공이 탄생하기 때문이다. 그러니 모든 것을 좋은 징조, 밝은 징조로 바꿔야 한다.

에픽테토스는 이렇게 말했다. "마음먹기에 따라 까마귀도 길조가 될 수 있다."

이는 모든 일에서 기쁨을 발견하라는 의미일 뿐 아니라, 간절하게 희망하면 만사가 행복의 근원이 된다는 의미다. 간절한 희망에는 세상의 흐름을 바꾸는 힘이 있다.

⋯⋯⋯⋯⋯⋯
20 불쾌감

125

✳

노력하라

느릅나무 한 그루에 비하면 좀 벌레 한 마리는 하잘것 없는 존재다. 그러나 이 작은 벌레가 쉬지 않고 나무를 갉아 먹으면 숲 하나를 다 망칠 수 있다.

운명은 변하는 법이다. 손가락을 튕겨 '딱!' 소리를 내는 그 짧은 순간에도 새로운 세상이 열린다. 작은 노력도 결과를 크게 바꿀 수 있다.

27 느릅나무

126

행복을 만들어라 ①

잊지 마라. 생활이 물질적으로 확실히 보장된다고 하더라도 행복은 스스로 만들어야 한다는 사실을.

자기 안에 행복이 없으면 언젠가는 숨어 있던 권태가 자신을 갉아먹게 될 것이다.

41 기대

127

✳

행복을 만들어라 ②

일상의 일을 잘하다가도 도전하고 싶은 새로운 과제
를 발견할 때가 있다. 희망을 품어라. 그러면 포기를
부르는 장벽은 무너지고, 잡초와 가시덤불 대신 맛난
채소와 예쁜 꽃을 보게 될 것이다.

41 기대

128

끝없이 부를 추구하라 ①

상상 속의 행복이 눈앞의 행복보다 크게 느껴지는 경우가 종종 있다.

현실의 행복이 다가오면 다 끝났다고 생각하고 앞으로 나아가기를 멈추기 때문이다.

부에도 두 종류가 있다. 손에 쥐는 순간 사람을 주저앉게 만드는 부는 시시한 부다.

46 따분한 임금님

끝없이 부를 추구하라 ②

사람을 행복하게 하는 부는 우리에게 계획을 세울 의욕, 일할 의욕을 준다. 이는 농부에게 경작할 땅이 주어지는 것과 같다.

우리는 휴식할 힘이 아니라 행동할 힘을 가질 때 만족한다.

46 따분한 임금님

130

스스로 행동하라

잠자코 시키는 대로 하지 않고 스스로 행동하는 것, 여기에 기쁨의 본질이 있다.

사탕은 입에 넣고 녹이기만 하면 달콤함을 느낄 수 있다. 행복도 같은 방식으로 얻으려는 사람이 많은데, 그건 잘못된 생각이다. 노래도 그렇다. 자기가 직접 부르지 않고 듣기만 한다면 제대로 된 즐거움을 느낄 수 없다. 그래서 노래는 귀가 아니라 목으로 즐기는 게 현명하다고 하는 것이다.

그림도 마찬가지다. 수집하거나 직접 캔버스에 그려보지 않으면 수동적이고 어중간한 즐거움밖에 느끼지 못한다. 중요한 것은 평가를 넘어서 직접 찾아서 자기 것으로 만드는 행동이다.

47 아리스토텔레스

131

✳

쉬지 않고 배워라

흔히 행복은 환영과 같다고 한다. 남에게서 얻은 행복은 분명 그렇다. 그런 행복은 애당초 존재하지 않으니까 말이다.

그러나 스스로 만드는 행복은 환영이 아니다. 이런 행복은 배우는 과정에서 얻어지며, 그래서 사람은 평생 쉬지 않고 배워야 한다.

지식이 늘수록 더 많이 배울 수 있다. 라틴어를 배우는 기쁨은 그 좋은 예다. 게다가 그 기쁨은 줄기는커녕 숙달될수록 커진다.

47 아리스토텔레스

132

대충 보고 넘기지 마라 ①

'주마간산'식으로 대충 보면 모든 것이 똑같아 보인다. 어디를 가든 폭포가 폭포로밖에 보이지 않는 것이다.

　그래서 여행 다니는 동안 서두르기만 하는 사람은 여행이 끝날 무렵이 되어도 출발 당시보다 추억이 늘지 않는다.

....
52 여행

133

✳

대충 보고 넘기지 마라 ②

경치의 진정한 가치는 세세한 부분에 있다.

본다는 것은 잠시 멈춰 서서 세세한 부분을 유심히 살핀 뒤, 다시 한번 전체를 천천히 둘러본다는 의미다.

52 여행

134

※

대충 보고 넘기지 마라 ③

이 폭포, 저 폭포를 겉핥기식으로 구경하다 보면, 모두 똑같아 보인다. 그런데 한 폭포를 자세히 보기 위해 이 바위에서 저 바위로 이동하다 보면, 같은 폭포라도 한 걸음 내디딜 때마다 다른 모습을 발견하게 된다. 그러다가 이미 지나온 곳으로 되돌아가 보면, 처음 봤을 때보다 더 큰 감명을 받을 수 있다. 실제로 그것은 처음 보는 광경이나 마찬가지다.

생활이 단조로워지지 않게 하려면 온갖 것을 잠자코 지켜보기만 해도 된다. 찬찬히 살피는 습관이 몸에 붙으면 평범한 풍경에서조차 무한한 기쁨을 느끼게 된다.

밤하늘의 별이 그렇다. 이거야말로 늘 살필 수 있는 장관이다.

············
52 여행

135

✳

행복해지기 위해 노력하라

불행해지기는 어렵지 않다. 행복해지기가 어렵다.

하지만 이 사실이 노력을 멈출 이유가 될 수는 없다. 오히려 그 반대다. 속담에도 있듯이 보람 있는 일은 뭐든 어려운 법이다.

54 과장된 열변

136

*

생명의 강인함을 믿어라

슬퍼하고 있어서는 안 된다. 희망을 놓쳐서는 안 된다. 자신에게 희망이 없으면 남에게 나눠줄 수도 없는 법이다.

생명의 힘을 믿고, 미래에 관해 밝게 생각하고, 생명이 승리할 거라고 믿어라. 생각보다 쉬운 일이다. 당연한 일이기 때문이다.

모든 생물은 생명의 강인함을 믿는다. 그렇지 않다면 그 자리에서 죽고 말 것이다.

58 동정에 관해서

137

자신감을 가져라

동정받고 싶은 사람은 아무도 없다. 환자는 자신 때문에 다른 건강한 사람의 마음까지 우울하게 될까 봐 걱정한다. 하지만 그렇지 않다는 사실을 알면 환자는 용기도 얻고 기운도 회복한다.

자신감은 훌륭한 만병통치약이다.

58 동정에 관해서

138

고뇌를 자신과 떼어놓고 생각하라

사람들은 대부분 살아가는 요령을 제대로 모른다.

행복의 비결 중 하나는 자신의 불쾌감을 마음에 담아두지 않는 것이다. 떨쳐낸 불쾌감은 개가 개집으로 돌아가듯 원래의 야생 상태로 돌아간다.

이거야말로 윤리학의 가장 중요한 부분 중 하나다. 자신의 실패와 후회, 반성에서 비롯된 모든 고뇌를 자신과 떼어놓고 생각하라는 말이다.

"지금의 이 화도 때가 되면 사라질 거야"라고 말해보라. 아기가 울음을 멈추듯 화도 금방 사라질 것이다.

66 스토아철학

139

인생을 충분히 즐겨라

인생은 가슴 뛰는 즐거운 일로 가득 차 있다. 돈도 들지 않는다.

그런데도 우리는 충분히 즐기지 못하고 산다. 곳곳에 세상 모든 언어로 이런 표어를 써 붙여놔야 한다. "눈을 크게 뜨고 즐겨라!"

70 인내력

140

※

시간을 억지로 조종하려고 하지 마라

사물의 방식을 익히려고 한다면 상상 속에서라도 멈
춰 선 열차를 밀려고 애쓰지 마라. 열차는 곧 제힘으로
달려갈 테니까 말이다.

장엄한 시간을 억지로 밀어내려 해서는 안 된다. 시
간은 우주의 모든 것을 시시각각 움직이게 한다. 세상
만사는 눈 깜짝할 사이에 당신을 휩쓸어버릴 힘을 지
니고 있다.

우리는 자신을 상냥히 대하고 스스로 제 편이 되는
방법을 익혀야 한다.

70 인내력

141

먼저 웃어줘라

싸움박질이라도 하자는 듯이 시비조로 다가오는 속 좁은 사람도 이쪽에서 친절하게 대하면 곧 가라앉는다.

　누가 먼저랄 것도 없이 서로 다가서는 두 사람이 있다면 어느 쪽이든 한쪽이 먼저 웃어주면 된다. 내가 웃지 않는데 누가 내게 웃어주겠는가. 먼저 웃어주지 않는다면 당신은 그저 어리석은 자에 불과하다.

71 배려

142

유쾌함을 발휘하라 ①

유쾌 요법이란 뜻하지 않게 맞닥뜨린 곤란한 일, 특히 화가 머리끝까지 솟구치는 시시한 일에 대해 유쾌함을 발휘하는 방법이다.

　이 요법을 쓰다 보면 그런 시시하고 귀찮은 일이 오히려 자신을 단련시킨다고 생각하게 되어 더는 화를 내지 않게 될 것이다. 언덕길에서 다리 근육이 튼튼해지는 것과 같은 이치다.

74 하나의 치료법

143

✻

유쾌함을 발휘하라 ②

사람뿐 아니라 사물도 유쾌 요법에 충분히 도움을 준다. 눌어붙은 스튜, 딱딱하게 굳은 빵, 햇살, 먼지, 미납 청구서, 빈 지갑 등. 그런 것들이 다양한 훈련의 기회를 제공해준다는 말이다.

복싱이나 펜싱 경기를 할 때처럼 마음속으로 이렇게 생각해보라. '대단한 일격인데? 피하자. 잠자코 있다간 크게 한 방 먹겠어!'

유쾌 요법을 쓰면 세상이 완전히 달리 보인다. 어떤 상황이든 받아들이게 되기 때문이다.

74 하나의 치료법

144

⁂

복잡한 생각보다는 무심함을 택하라

이 생각 저 생각 깊이 빠져들다 보면 어리석은 생각, 어른스럽지 못한 생각에도 이르곤 한다.

만약 어느 한쪽만 고르라고 한다면 나는 온갖 생각에 빠져들기보다는 무심한 쪽을 고르겠다. 그편이 정신 건강에 좋으니까 말이다.

75 정신 건강

145

✳

머리를 비워라

얽힌 생각을 풀어야 한다. 정신 건강을 지키려면, 절대
로 같은 생각을 반복하지 않아야 한다.

　머리를 비우는 데 효과적인 방법이 두 가지 있다.

　하나는 주위를 둘러보고 눈에 들어오는 것들을 온몸
으로 받아들이고 느끼는 것이다. 탁월한 효과를 볼 것
이다.

　또 하나는 결과에서 원인으로 거슬러 올라가는 것이
다. 이렇게 하면 비관적인 생각을 확실히 몰아낼 수 있
다. 결과에서 원인으로 이어지는 흐름을 좇는 것은 일
종의 여행이라 할 수 있는데, 순식간에 아주 먼 곳에
이를 수 있다.

75 정신 건강

146

✳

애정을 가지고 행동하라

데카르트를 읽어 보면 사랑은 건강에 좋고 증오는 그 반대임을 알 수 있다.

증오심으로 하던 모든 일을 애정을 품고 하면 어떻게 될까? 사람, 행동, 일이라는 요소가 뒤섞인 것 중에서 아름답고 사랑해야 하는 것만을 늘 고른다면 어떻게 될까? 인류는 크게 한 걸음 진보하게 될 것이다.

이는 악한 것에 이의를 제기하는 가장 효과적인 방법이기도 하다. 훌륭한 음악에 손뼉을 치는 것이 형편없는 음악에 야유를 퍼붓는 것보다 훨씬 나은 방법이며, 더 공정하고 효과적이다.

왜냐하면 사랑은 본능적으로 강하며 증오는 본능적으로 약하기 때문이다.

76 모유 찬가

147

✳

태어나 처음 맛본 기쁨을 잊지 마라

사람이 사랑을 처음으로 칭송하는 때는 갓난아기 시절이다. 엄마 젖을 부둥켜안고 그 소중한 자양분을 배불리 받아들이면서 온몸으로 모유에 대한 찬가를 부르지 않는가?

젖을 먹는 그 행복감은 이 세상에서 맛보는 최초의 본능적 기쁨이다. 젖을 빠는 행위가 키스의 기원임은 모두가 아는 사실이다. 사람은 이 최초의 사랑 행위를 결코 잊지 못한다.

76 모유 찬가

148

우정에서 행복을 느껴라

우정은 대단한 기쁨을 낳는다. 기쁨이 사람과 사람 사이에 퍼져나가는 성질을 가졌음을 알고 나면 이를 쉽게 이해할 수 있다.

내가 있어서 친구가 조금이라도 진정한 행복을 느낄 수 있다면 친구의 행복한 모습에 나까지 행복을 느낄 수 있다. 내가 준 기쁨을 친구는 내게 돌려주고, 나는 그 기쁨을 또다시 친구에게 전한다. 이렇게 하면 서로가 동시에 무한한 기쁨을 느끼게 된다.

그리고 둘 다 마음속으로 이렇게 생각하게 된다. '내 안에 행복이 있었는데도 여태 전혀 활용하지 못했구나!'

77 우정

149

*

웃기를 즐겨라

갓난아기의 첫 웃음은 무언가를 표현하기 위해서가
아니다. 웃는 것은 행복해서가 아니다. 내 생각에는 그
반대다. 웃는 덕에 행복해지는 것이다. 그래서 우리는
웃기를 즐겨야 한다.

그러려면 일단 웃어봐야 한다. 다른 것도 마찬가지다.

....
77 우정

150

✳

즐거움의 씨앗을 뿌려라 ①

"즐겁게 지내세요." 이거야말로 서로가 나눠야 할 새해 인사다.

인사는 건넨 사람의 마음이 먼저 풍요로워지는 진정한 예의다. 나눌 때마다 커지는 보물이다. 이 보물을 길에서, 전철에서, 가게에서 뿌리고 다니자. 절대 헛된 일이 아니다. 어디에 뿌리든 즐거움의 씨앗은 자라나서 무성하게 우거질 것이다.

80 새해 인사

151

즐거움의 씨앗을 뿌려라 ②

미소를 지어라. 행동을 조절하라. 치밀어오르는 화를
조금만 가라앉혀보라. 그리하면 문제는 해결된다.

　반면에 이를 악물고 고삐를 있는 대로 잡아당기면
문제는 복잡해진다.

80 새해 인사

152

✳

즐거움의 씨앗을 뿌려라 ③

밝은 말, 진심에서 우러나오는 감사의 말을 건네라. 음식이 식어서 나오더라도 관대하게 봐줘라.

이 즐거움의 파도에 올라타면 최소한 작은 해변에는 도달할 수 있다. 주문받는 웨이터의 목소리가 달라지고, 테이블 사이를 지나가는 손님들의 태도도 다르게 보일 것이다. 이렇게 만들어진 즐거움의 파동은 자신을 포함한 모두의 기분을 가볍게 만들어주면서 한도 끝도 없이 멀리 퍼져 나간다.

단, 시작할 때는 세심한 주의를 기울여야 한다. 기분 좋게 하루를 시작하자. 기분 좋게 한 해를 시작하자.

80 새해 인사

153

즐거움의 씨앗을 뿌려라 ④

즐거운 표정은 누가 봐도 기분이 좋다. 잘 모르는 사람의 표정은 더욱 그렇다. 의미를 따지지 말고 액면 그대로 받아들이면 되기 때문이다. 그것이 가장 좋다.

즐겁다는 신호는 그것을 발신한 본인의 기분부터 좋게 만든다. 이는 부인할 수 없는 진리다. 내가 즐거운 표정을 지으면 그 표정을 보는 사람도 기분이 좋아지고, 이에 즐거움은 또다시 내게로 돌아온다.

81 축복의 말

154

✳

행복을 바라는 마음이 있으면
그 즉시 행복해질 수 있다

'앞으로는 악의에 찬 신호와 남의 기쁨을 꺾어버리는 소식은 일절 전하지 않겠다!'고 결심해보라.

이렇게 하면 사실은 아무것도 아닌데 슬픔을 부풀림으로써 생기는 작은 불행들에 스스로 강해질 수 있다.

행복을 바라는 마음이 있다면 당신은 그 즉시 행복해질 수 있다. 이것이 내가 주는 축복의 말이다.

81 축복의 말

155

주변을 즐겁게 만들어라

'행복하게 사는 비결'의 하나로 '주변을 즐겁게 만들기'
를 추천한다. 여기서 즐겁게 만든다는 것은 속이거나
저속하게 행동하지 않고도 유쾌하게 만들어주는 것을
가리킨다. 언제 어디서든 할 수 있는 일이다.

84 즐겁게 만들기

156

만사를 좋게 보라

세상만사, 무엇이든 칭찬할 구석이 있는 법이다. 겁쟁이라고 생각하는 대신 절도가 있다고 봐주고, 조심성이 없는 것이 아니라 우정이라고 생각해줘라. 그래도 아무 지장이 없다.

특히 젊은 사람에 대해서는 무죄 추정의 원칙을 적용하여 모든 것을 좋은 쪽으로 봐줘야 한다. 젊은 사람에게 훌륭한 사람이라고 말해주자. 그리하면 그들은 자신이 그렇다고 믿고 결국 그런 사람이 된다. 비판해본들 아무 도움도 되지 않는다.

84 즐겁게 만들기

157

✳

웃어넘겨라

마음껏 웃고, 예의 바르게 행동하고, 상대방을 배려할
수 있는 상황은 얼마든지 있다.

인파 속에서 떠밀릴 때도 웃어넘겨라. 웃다 보면 서
로 더는 밀지 않게 될 것이다. 서로가 발끈한 자신을
부끄럽게 여기게 될 테니 말이다. 이렇게 하면 무엇보
다 화내는 습관을 극복할 수 있을 것이다.

84 즐겁게 만들기

158

✳

자기 안의 행복을 발견하라

직접 쟁취한 행복이라야 진정한 행복감을 느낄 수 있
다. 행복을 자기 밖에서 구하려고 하면 좀처럼 찾기가
어렵다. 논리적으로 '행복은 이렇다'라고 단정하거나
그 형태를 추정할 수 없기 때문이다.

　자신의 행복은 오히려 자기 안에 있다. 당신이 미래
에 행복해진다면 어떤 모습일지 생각해보라. 상상할
수 있다면 당신은 이미 행복을 가진 것이다.

　기대를 품는다는 것은 지금 행복하다는 말이다.

87 극복

159

✳

몇 번이고 극복하라

지식은 멀리서 바라보면 재미가 없다. 그 안으로 파고
들어야 비로소 재미를 느낄 수 있다.

처음에는 제약이 있을 수 있고, 어느 정도 어려움이
따르기 마련이다. 꼼꼼할 것, 그리고 몇 번이고 극복
할 것. 그것이 행복의 비결이다. 카드놀이나 음악이나
전쟁처럼 그 행동을 다른 사람과 함께 나눌 때, 행복은
절정에 달한다.

87 극복

160

✳

행복은 사람을 빛나게 한다

행복한 마음으로 한 일은 우리 눈을 즐겁게 한다. 예술 작품이 그 분명한 증거다.

'멋들어진 붓놀림'이라는 말에서, '멋들어지다'라는 표현에는 '행복하다'라는 의미가 들어 있다. 좋은 행동은 모두 그 자체로 아름다워서 그 행동을 한 사람의 얼굴을 빛나게 한다. 그리고 빛나는 얼굴이 남에게 아무런 근심을 끼치지 않는다는 것은 보편적인 진실이다.

88 시인들

161

※

자신부터 행복해져야 한다

모래에 씨앗을 뿌린들 아무것도 수확할 수 없다. 이를 잘 생각해보면, 성경에 나오는 '씨 뿌리는 자'라는 비유를 이해할 수 있을 것이다. 준비된 자만이 받을 수 있다는 말이다.

스스로 능력을 갖추고 행복한 사람이 타인의 힘을 빌리면 제 능력을 더 키울 수 있고 더 행복해진다. 이렇듯 행복한 사람은 갈수록 행복을 더 많이 주고받게 된다. 반면에 자기 안에 행복이 없는 사람은 남에게도 줄 수가 없다.

89 행복은 미덕

162

✳

행복해지기를·바라고
그리되기 위해 노력하라

행복해지기를 바라고 그렇게 되기 위해 노력해야 한다.

만약 방관자 같은 자세로 문을 열어놓고 행복이 들어오기만을 기다린다면 결국에는 슬픔만 남는다. 불쾌감을 방치하면 금세 슬픔과 분노로 변한다. 그렇게 비관주의자가 된다.

아무것도 하지 않는 아이를 관찰해보면 금방 이해될 것이다.

90 행복은 관대하다

163

행복해지는 것이 최대의 공헌이다

즐겁다는 것은 관대하다는 의미이기도 하다. 받기를 넘어서서 줄 수도 있으니 말이다. 남의 행복을 생각해야 한다고 하지 않는가. 흔한 말은 아니지만, 자신을 사랑해주는 사람들을 위해 할 수 있는 가장 좋은 일은 자기 자신이 행복해지는 것이다.

90 행복은 관대하다

164

자신의 불행을 떠벌리지 마라

'행복하게 사는 비결' 중 첫째는 현재의 일이든 과거의 일이든 자신의 불행을 남에게 일절 말하지 않는 것이다. 불평은 주변 사람을 슬프게 만들고 기분을 상하게 할 뿐이다.

슬픔은 독과 같아서 그것을 즐기는 사람도 있겠지만 결국은 사람에게 해를 끼친다.

91 행복하게 사는 비결

165

✳

날이 궂을수록 환한 표정을 지어라

비가 내린다. 후드득후드득 지붕을 때리는 소리가 난
다. 빗물이 여러 줄기로 흘러내린다. 먼지가 씻겨 내려
공기가 말끔해졌다. 먹구름은 비단을 찢어놓은 듯하다.
이런 상황에서도 아름다움을 느낄 수 있어야 한다.

　풀밭에 앉고 싶은데 바닥은 진창이고 수확도 망쳤다
고 투덜댄들 무슨 소용인가. 비가 오는 날에는 더 밝은
얼굴을 보고 싶은 법이다. 그러니 날이 궂을수록 환한
표정을 지어라.

91 행복하게 사는 비결

166

❋

행복을 바라고 스스로 만들어라

불행이나 불쾌감을 느끼는 것은 어려운 일이 아니다. 가만히 앉아 있기만 하면 된다. 웃겨주기를 바라는 왕자님처럼 말이다.

행복해지는 것은 늘 어렵다. 행복은 수많은 일, 수많은 사람과 끝없이 싸워야 얻어진다. 질 수도 있다. 극복하기 어려운 장애나 재난도 만날 것이다. 스토아학파의 제자들보다 힘겨울 수 있다.

무엇보다 확실한 우리의 의무는 스스로 졌다고 생각하기 전에 온 힘을 다해 싸우는 것이다. 행복해지고 싶다는 바람 없이는 행복해질 수 없다. 그러니 자신이 행복해지기를 바라고 스스로 행복을 만들어내야 한다.

92 행복해질 의무

167

행복한 사람만 사랑받는다

자주 못 들어봤겠지만, 행복하다는 것은 타인에 대한 의무이기도 하다.

반면에 행복한 사람만이 사랑받는다는 말은 자주 들을 수 있다. 다만 이것이 응당 받아야 하는 보상이라는 점은 놓치고 있다.

왜냐하면 불행, 권태, 우울은 주변에 널렸기 때문이다. 그런 탁한 공기를 몰아내는 사람들, 즉 자신의 활기 넘치는 삶을 보여줌으로써 모두의 활력을 정화해주는 사람들에게 우리는 감사의 마음을 전하고 그 영광을 바쳐야 한다.

92 행복해질 의무

168

✳

행복이야말로 최고의 선물이다

사랑에 있어서 행복해지겠다는 다짐만큼 심원한 것은 없다.

　사랑하는 사람들이 서로의 권태와 슬픔, 불행을 이겨내는 것보다 힘든 일은 없다.

　남녀 가릴 것 없이 모두가 명심해야 할 점이 있다. 행복, 특히 스스로 쟁취하는 행복이야말로 가장 훌륭하고 가장 아낌없이 나눌 수 있는 선물이라는 점이다.

92 행복해질 의무

169

✳

의지를 가지고 행복해져라

비관주의는 감정에서 비롯되고, 낙관주의는 의지에서 비롯된다. 다만 기분 내키는 대로 사는 사람은 다들 슬프다. 아니, 슬프다는 말로는 부족하다. 그런 사람은 머지않아 분노를 폭발시키기 때문이다.

애초에 좋은 감정이란 것은 없다. 감정은 정확히 말해 늘 나쁜 것이다. 그러니 행복은 의지와 극기심으로 이뤄내야 한다.

....
93 맹세하라

170

행복해지겠다고 맹세하라

낙관주의자가 되려면 맹세가 필요하다. 이상하게 생각할 수도 있겠지만, 우리는 행복해지겠다고 맹세해야 한다.

　'슬퍼지는 생각은 모두 잘못된 생각이다'라고 마음먹어라. 그렇게 경계해야 한다. 사람은 아무것도 하지 않으면 금세 당연하다는 듯 불행을 만들어내기 때문이다. '권태'가 그 좋은 예다.

93 맹세하라

알랭의 행복론

1판 1쇄 인쇄	2026년 2월 20일
1판 1쇄 발행	2026년 3월 3일
지은이	알랭
옮긴이	정문주
발행인	황민호
본부장	박정훈
책임편집	신주식
편집기획	김선림 최경민 윤혜림
마케팅	이승아
국제판권	이주은 김준혜
제작	최택순 성시원
발행처	대원씨아이㈜
주소	서울특별시 용산구 한강대로15길 9-12
전화	(02)2071-2095
팩스	(02)749-2105
등록	제3-563호
등록일자	1992년 5월 11일

www.dwci.co.kr

ISBN   979-11-423-4632-3 (03190)